ANODEA JUDITH

Anodea Judith é autora de vários livros sobre chacras e medicina energética, ajustando-os ao estilo de vida ocidental. Dentro desta área, é considerada uma das maiores especialistas com reconhecida experiência não só como terapeuta, mas também como professora, uma atividade que exerce em todo o mundo, nomeadamente nos Estados Unidos, no Canadá, na Europa e na Ásia. Focada nas iminentes crises que a humanidade enfrenta e na realização do potencial humano, aspira a que sejamos capazes de acordar a tempo.

GUIA COMPLETO DOS CHACRAS

ANODEA JUDITH

GUIA COMPLETO DOS CHACRAS

Tradução de
Margarida Pacheco Nunes

Título: *Guia Completo dos Chacras*
Título original: *Chakras. Seven Keys to Awakening and Healing the Energy Body*
Autora: Anodea Judith
Copyright © 2016 *by* Anodea Judith
Publicado originalmente em 2016 por Hay House UK, Lda.

Todos os direitos de publicação desta obra reservados por
Bertrand Editora, Lda.
Rua Prof. Jorge da Silva Horta, 1
1500-499 Lisboa
Telefone: 217 626 000
Correio eletrónico: editora@bertrand.pt
www.11x17.pt

Tradução: Margarida Pacheco Nunes
Revisão: Andreia Capelo
Design da capa: Rute Selésio
Fotografia da autora: © Kurty Wong

Pré-impressão: Bertrand Editora
Execução gráfica: Bloco Gráfico
Unidade Industrial da Maia

1.ª edição: novembro de 2020
Depósito legal n.º 474 255/20
ISBN: 978-972-25-4057-5
Código Círculo de Leitores: 1107259

Para as infindáveis possibilidades que existem ao longo do caminho que une o céu e a Terra.

A VIAGEM COMEÇA

Todos estamos numa viagem. Numa viagem para nos curarmos, para descobrirmos afinal o que é a vida, para desvendarmos os seus mistérios mais profundos. Esta é uma viagem desafiante com os seus altos e baixos, becos sem saída e escolhas difíceis. Acontecem-nos coisas e perdemos o nosso rumo. Mais tarde, acabamos por acordar e fazer a pergunta: «Afinal, onde é que eu ia antes de *tudo isto* acontecer?»

Não seria ótimo se alguém nos desse um guia? Ou, pelo menos, um mapa?

O sistema de chacras é precisamente isto, *um mapa para a nossa viagem pela vida*. É um guia para esta viagem. Baseia-se em sete vórtices de energia que funcionam como as engrenagens da caixa de velocidades, fazendo avançar o nosso veículo ao longo do seu percurso. Usar este mapa não só nos ajuda a encontrar o nosso caminho nesta viagem que é a vida, como também a torna proveitosa. É um mapa para vivermos a vida em toda a sua plenitude.

Olhe à sua volta. Escute. Tudo emite um som, tudo vibra de energia. O trânsito na rua, o riso das crianças a brincar no recreio, o cricrilar dos grilos, o vento a assobiar nas árvores — todos estes sons são animados por uma poderosa força vital.

Esta mesma energia reside dentro de nós, vibrando em cada célula, movimentando os nossos músculos, impulsionando a nossa mente. O nosso corpo contém cerca de trinta biliões de células, mas existe toda uma arquitetura a uni-las, dia após dia, ano após ano, e que mantém a coerência daquilo que define cada um de nós. Podemos pensar nela como a *arquitetura da nossa alma*.

No cerne desta arquitetura estão sete preciosidades, girando numa resplandecência de cores. Estas preciosidades são núcleos de transformação sagrados, degraus na nossa jornada de cura e do despertar espiritual. Cada uma delas é um centro de energia, denominado *chacra*, uma palavra que significa «roda» ou «disco». À semelhança das pérolas de um colar, estas radiosas preciosidades de energia estão unidas ao longo do cordão interno da alma, o eixo central vertical que se estende da base da nossa coluna ao topo da nossa cabeça.

Dou-lhe as boas-vindas ao maravilhoso mundo do sistema de chacras: uma rede de sete centros de energia principais dispostos verticalmente ao longo da nossa coluna vertebral. Na sua globalidade, este mapa representa uma poderosa fórmula para a plenitude. Se encararmos a nossa vida da perspetiva de cada uma das áreas representadas por estes sete chacras, obtemos um modelo para nos sentirmos plenos e equilibrados.

A arquitetura dos nossos chacras pode ser encarada de diferentes maneiras, dependendo da forma como a percorremos. Quando examinada como um padrão que vai de baixo para cima, representa uma *progressão para a libertação*, uma forma de conseguirmos libertar-nos sistematicamente de padrões limitadores e de nos aproximarmos de uma liberdade pessoal cada vez maior, fazendo libertações chacra a chacra.

Quando vistos de cima para baixo, os sete chacras representam um *mapa para a manifestação*, permitindo-nos cristalizar as nossas ideias na forma material através de um processo passo a passo rumo à criação da vida dos nossos sonhos.

E para a humanidade como um coletivo, o sistema de chacras fornece um *modelo de transformação*, um modelo para a evolução da consciência maior.

Ao tomar conhecimento deste sistema poderoso, é proporcionado ao leitor um guia para o resto da sua vida. Pode ajudá-lo na gestão dos seus relacionamentos, a criar os seus filhos mais conscientemente e a agir no mundo. É um guia para o ajudar a atravessar o território que existe entre a mente e o corpo, entre o espírito e a matéria, e entre o céu e a Terra, unindo todos estes elementos. Acima de tudo, tem a capacidade de o levar às suas profundezas, àquilo que designo por Templo Interno, o sítio onde encontramos a nossa ligação mais direta à nossa fonte primordial.

Os chacras funcionam melhor quando estão alinhados na vertical, ligeiramente à frente da coluna vertebral. Isto permite que a energia vital flua uniformemente para cima e para baixo ao longo do eixo central do nosso corpo, o principal pilar da nossa arquitetura interna. Embora um alinhamento mais profundo dos chacras geralmente implique um trabalho interno bastante maior, o exercício que se segue é uma prática muito simples a que se pode entregar sempre que quiser dar início ao processo de alinhar os seus chacras. É tão simples como enviar as suas raízes para baixo e erguer a sua coroa. À medida que for realizando este exercício mais regularmente, tomará uma maior consciência da energia que flui para cima e para baixo no seu eixo central, onde todos os chacras estão dispostos ao longo de um tubo vertical. Descobrir este eixo central ajuda-o a aceder à energia de cada chacra.

Exercício: Raízes para baixo, coroa para cima

❖ Sempre que estiver sentado, quer seja em frente ao computador, a comer, a preparar-se para conduzir ou para meditar, descubra uma forma de manter a coluna ereta. Ao sentar-se, imagine que está a exercer uma ligeira pressão sobre a ponta do cóccix (aquela parte que se encaracola debaixo de si como se fosse a reminiscência de uma pequena cauda) contra a parte de trás do assento, que costumamos designar por «parte traseira do corpo».

❖ Ao fazer isto, imagine uma ligeira abertura das ancas, como se abrisse a base do seu corpo e a enraizasse na terra, à semelhança do tronco de uma árvore que se expande na sua ligação ao solo.

❖ Nesta posição sentada mais ampla, pressione os seus ísquios (ossos do quadril) para baixo e imagine que tem raízes que saem da base da sua coluna e que entram na terra, empurrando-o para baixo.

❖ Faça uma inspiração profunda e relaxe ao expirar, deixando o corpo acomodar-se suavemente nesta direção para baixo. Conecte-se com o sítio onde está, com a sua localização, com a sua essência e com o chão que está debaixo de si.

❖ Quando se sentir suficientemente enraizado, erga a sua cabeça em direção ao seu chacra da coroa, localizado no centro do topo da cabeça. Certifique-se de que as suas raízes continuam firmes em baixo enquanto levanta a sua coroa, esticando a coluna em duas direções, para cima e para baixo.

❖ Agora, imagine as sete radiosas preciosidades que são os seus chacras dispostos ao longo do eixo central entre a sua coroa e a sua base. Ao estabelecer a distância entre estes dois pontos, esse eixo central fica mais direito e começa a alinhar os seus chacras.

❖ Interiormente, entoe o som «I» (lê-se «ai» e significa «Eu» em português), como se esta coluna vertical formasse a letra maiúscula «I» no centro do seu ser.

❖ Mantenha o seu centro verticalmente alinhado entre o céu e a Terra, mesmo enquanto continua a ler o presente livro.

A minha viagem de descoberta

É uma bênção para mim trabalhar com o sistema de chacras há mais de quarenta anos, tendo conduzido milhares de sessões terapêuticas para um grande universo de pessoas: homens e mulheres, velhos e novos, de diferentes nacionalidades, raças, religiões e orientações sexuais. A minha experiência foi uma fonte de inspiração que me levou a escrever vários *bestsellers*, o que, por sua vez, me levou a lecionar *workshops* e cursos de formação por todo o mundo, atividades a que me dedico há cerca de três décadas. E embora tenha estudado com muitos mestres ao longo deste tempo, foram os meus alunos e clientes que mais me ensinaram.

Foi em 1975 que descobri o ioga e que comecei a ler tudo o que conseguia encontrar sobre espiritualidade e metafísica. Tinha feito a especialização em Psicologia na universidade, mas as teorias convencionais da altura não me deixavam satisfeita. Simplesmente não conseguia aceitar que o espírito humano pudesse ser quantificado em experiências laboratoriais que definissem comportamentos previsíveis. Via cada indivíduo como dotado de uma beleza singular, embora fosse ao mesmo tempo desafiado pelas suas feridas. Abraçava fortemente os meus estudos de Psicologia, mas encarava-os mais como uma arte do que como uma ciência. Continuava à procura daquela essência inefável que nos move a todos. Que teorias abordam as semelhanças que partilhamos, mas também o nosso carácter único?

Os meus estudos na área da espiritualidade também não me deixaram satisfeita, pois não abarcavam a pessoa por inteiro. Não concordava com a ideia de que estamos aqui para renunciar à nossa existência terrena, como se a nossa vida quotidiana não importasse, ou de que o nosso propósito seja atingir algum tipo de estado extraterreno ao alcance de muito poucos. Eu encontrava a espiritualidade tanto nas minhas práticas terapêuticas, como na educação dos meus filhos, na jardinagem, nas minhas caminhadas pela natureza, na criação de arte, a cozinhar o jantar, na meditação ou no meu tapete de ioga.

Mesmo quando ouvi falar pela primeira vez no sistema de chacras, fiquei cética. Não conseguia aceitar a noção de que temos de reprimir os três chacras inferiores por eles serem maus ou negativos para atingir algum estado de iluminação incorpóreo, quando à minha volta via pessoas que pareciam incorpóreas e que sofriam devido ao seu distanciamento da Terra e dos seus próprios corpos. Não conseguia aceitar uma filosofia que recomendava a negação do corpo, da realidade do nosso glorioso planeta e da poderosa força vital que permeia toda a criação. Contudo, compreendia que existe algum poder transcendente que abrange e atravessa tudo. Quando fui iniciada em Meditação Transcendental com a maturidade dos 21 anos, apaixonei-me pela meditação e passava bastante tempo, todos os dias, a regozijar-me nesse encantador estado de transcendência. Cheguei mesmo a uma altura em que meditava duas horas por dia e só precisava de quatro horas de sono por noite.

A própria consciência fascinava-me. Que capacidade era esta de sermos conscientes? O que conseguíamos atingir através de práticas que expandiam a consciência, como o ioga e a meditação, a aprendizagem e o estudo? Até cheguei a experimentar substâncias que expandem a consciência e acabei mesmo por considerá-las úteis enquanto formas de abrir a porta aos fenómenos da consciência, embora também só nos proporcionem um vislumbre daquilo que é possível. Para entrarmos por essa porta, era necessária uma prática espiritual consistente, aquilo que os iogues denominam *sadhana*.

Depois de iniciar apaixonadamente a minha própria prática espiritual, primeiro com a Meditação Transcendental e depois com o ioga, seguindo-se uma purificação gradual do meu regime alimentar e das minhas atividades, comecei a experienciar profundas transformações na minha própria consciência. As cores ganharam mais vivacidade, o meu espírito tornou-se mais leve, e tudo o que eu fazia parecia ser orientado por uma mão invisível que moldava o meu destino: *trazer o antigo sistema de chacras de volta ao mundo moderno como um mapa para orientar a humanidade na sua viagem evolutiva rumo ao próximo estágio da civilização.*

Não é uma tarefa pequena, mas vejo realmente este mapa como algo que nos pode mostrar o caminho tanto para a nossa transformação individual como coletiva. Ele indica-nos o caminho de regresso à plenitude, o caminho do nosso ritual de passagem ao futuro da civilização e o caminho para despertarmos para a glória de nos sentirmos plenamente vivos.

Já examinei este profundo sistema de praticamente todos os ângulos possíveis, tanto enquanto acesso à alma humana como enquanto forma de perspetivar e abraçar o mundo exterior. Já constatei como tem a capacidade de mudar a vida das pessoas e como, nesta altura crucial da vida no nosso planeta, ele nos pode guiar na nossa transformação coletiva, ao iniciarmos a mudança para a próxima era de consciência e de valores, movendo-nos do terceiro para o quarto chacra, ou do amor pelo poder para o poder do amor. Ao fazermos esta transição nas nossas próprias vidas, ajudamos a efetuar esta mudança nos princípios organizativos coletivos.[1]

Atingi este conhecimento através do estudo de uma grande diversidade de disciplinas, enquanto psicoterapeuta somática, professora de ioga, terapeuta de várias técnicas relacionadas com o corpo, estudiosa de História e Filosofia evolucionista. O meu fascínio de sempre pelo processo terapêutico e pela transformação social, associado à minha propensão para detetar padrões tanto nos indivíduos como nas culturas, permeou o meu trabalho ao longo dos últimos quarenta anos. Acabei por reconhecer o sistema de chacras como um profundo sistema organizador com a capacidade de abarcar todo o espectro das possibilidades humanas e de desenvolver o nosso verdadeiro potencial. Este caminho em si não é nenhuma religião. Pode ser usado juntamente com qualquer sistema de crenças ou religião, pois é um modelo universal. Contém pontos-chave vitais para a nossa psicologia interna, para os programas inconscientes que determinam a forma como sentimos, pensamos e agimos.

A minha experiência enquanto psicoterapeuta baseada no corpo e enquanto professora de ioga permite-me combinar o trabalho intrínseco da psicologia com práticas físicas e com o despertar espiritual. Na realidade, vejo estes aspetos do nosso ser como inseparáveis. Não podemos despertar a

---

[1] Para mais informações sobre este tema, consulte Anodea Judith, *The Global Heart Awakens: Humanity's Rite of Passage from the Love of Power to the Power of Love*, Shift Books, San Rafael, CA, 2013.

espiritualidade sem curar as nossas feridas psicológicas, nem podemos terminar esse processo de cura se não despertarmos ao mesmo tempo. Não podemos ignorar o papel do corpo na forma como pensamos e sentimos, nem ignorar o papel da mente e das emoções na nossa saúde física.

A beleza do sistema de chacras é que ele tem tudo incluído. Não nega nada, mas indica-nos claramente o caminho para ultrapassarmos as nossas dificuldades rumo à liberdade.

De onde vem o sistema de chacras?

A minha primeira visita à Índia abriu completamente a minha mente e o meu coração. Todos os meus sentidos foram estimulados, se não mesmo invadidos, assim que saí do avião. O aroma a especiarias exóticas sobrepunha-se ao cheiro a fumo de escape e a lixo em decomposição. As cores vivas dos saris das mulheres que vendiam flores e tecidos no mercado estimulavam o meu sentido visual. O ruído do trânsito incessante interrompido pelos vendedores ambulantes que vendiam as suas mercadorias estava sempre à minha volta, com a percussão de fundo das buzinas de camiões, das motas em andamento, das galinhas a cacarejar, das vacas a mugir e dos cães a ladrar. A energia fluía num caos barulhento a cada esquina, mas de alguma forma era coerente, numa cacofonia fervilhante de vida. Tudo à minha volta implorava por ser tocado ou sentido com uma urgência que afetava todos os meus chacras. Esta era uma terra de grande beleza e de uma profunda sabedoria espiritual, paradoxalmente associada a uma imundície terrível e a uma pobreza arrepiante.

A Índia é o sítio onde nasceu o sistema de chacras, mais especificamente através da tradição do ioga. É difícil determinar com exatidão as origens deste sistema, mas o mais provável é que esta filosofia tenha sido um ensinamento oral muito antes de ser escrito. Os textos esotéricos que se focam especificamente nos chacras foram escritos por volta do século x d.C., durante aquele que é conhecido como o período tântrico da filosofia do ioga, aproximadamente entre os anos 500 e 1200 d.C.

Embora seja costume os Ocidentais associarem o tantra principalmente à sexualidade, as doutrinas tântricas da Índia agregam várias filosofias espirituais, das quais a sexualidade representa uma pequeníssima parte. A base dos ensinamentos tântricos foca-se mais na integração das polaridades arquetípicas, como a mente e o corpo, o cima e o baixo, o dentro e o fora. Atribui-se uma relevância especial à união do divino feminino com o divino masculino, através dos arquétipos do deus Shiva, representando a consciência pura, e da deusa Shakti, representando a energia primordial a partir da qual tudo é criado. Usando os níveis do sistema de chacras, Shiva e Shakti encontram uma forma de se unir no seu amor eterno, centrados no coração.

A palavra «tantra» também significa algo semelhante a um tear, uma ferramenta para tecer. Quanto trabalhamos com um tear, esticamos um fio de tecido de uma ponta a outra, de um lado ao outro, prendendo-o em ambas as extremidades. Depois, pegamos noutro fio e tecemo-lo por cima e por baixo, pela frente e por trás. Este entrelaçamento de polaridades de um lado para o outro é o que cria um tecido forte. De acordo com as filosofias tântricas, o entrelaçamento das polaridades arquetípicas cria o tecido da realidade.

Os sistemas de crenças que consideram a mente mais importante do que o corpo, o espírito tão real e a matéria uma ilusão, ou que os homens têm o direito de ser mais privilegiados do que as mulheres, não representam um equilíbrio saudável destas polaridades. Se olharmos para a forma como a trama da vida está desgastada no mundo atual, verificamos que este desequilíbrio gerou problemas sociais e ambientais através da negação do corpo e da Terra, já para não falar do estatuto inferior das mulheres e das minorias. Na verdadeira tradição tântrica, estar em plenitude significa pôr estas polaridades novamente em equilíbrio e união, o que conserva a firmeza do tecido da realidade. O sistema de chacras é uma forma de fazermos precisamente isto.

Chegou a altura deste sistema

No início do século XX, Sigmund Freud foi um dos primeiros pensadores dos tempos modernos a abordar as diferenças subtis da psique humana, descrevendo o *id*, o ego e o superego. Ao mesmo tempo, Carl Gustav Jung acrescentou uma dimensão espiritual e revelou o vasto domínio do inconsciente, descrevendo a luz e a sombra, o feminino e o masculino interno, designando-os por *anima* e *animus*. Porém, nenhuma das duas teorias incluía o papel do corpo no nosso desenvolvimento psicológico.

Mais tarde, médicos e massagistas concentraram-se no corpo físico, mas a maior parte das vezes negligenciaram a dimensão espiritual. Depois, o ioga tornou-se muito popular, trazendo uma dimensão espiritual ao corpo. Porém, o ioga tende a ignorar as feridas psicológicas que se escondem por baixo da superfície.

O que é necessário é um sistema simples e elegante que consiga abarcar toda a pessoa: mente, corpo e espírito, ou energia. O sistema de chacras aborda a realidade energética de sermos humanos no mundo atual, pois está traçado no corpo humano, mas aponta para dimensões muito além do corpo. Reúne o físico e o espiritual, colocando-os num contínuo de interseção de vibração subtil, da matéria grosseira à consciência refinada.

Carl Jung disse que todas as pessoas precisam de um «arquétipo de plenitude» orientador, de um modelo ou «receita», se o leitor preferir, para se tornarem plenas. O sistema de chacras é precisamente isso: uma fórmula orientadora para fazermos o que é preciso para atingir e manter a plenitude. Mais do que isso, é uma forma de alcançarmos a grandeza, todo o potencial de quem somos.

À medida que vou viajando por todo o mundo com os meus ensinamentos, descubro que as pessoas estão ávidas de uma noção do sagrado, que foi separado da vida quotidiana, pelo menos no Ocidente. As pessoas perderam o contacto com o seu interior sagrado, com o propósito sagrado da vida e com a razão pela qual estamos aqui, e não dispõem de uma maneira informal de falar sobre isso e de partilhar esse espaço sagrado com os outros. Explorar os centros sagrados dos chacras ajuda-nos a regressar a casa, a um sítio onde as coisas se tornam novamente sagradas.

E finalmente, ao navegarmos pelas difíceis transformações que estão a ocorrer a nível global, os desequilíbrios e as crises ambientais, sociais, políticas e económicas, precisamos de um mapa que nos ajude a orientar no meio do caos rumo a algo importante, mas prático. Mais do que isso, precisamos de uma visão daquilo que nos estamos a tornar ao longo destas transformações. Acredito que as nossas crises são uma iniciação para um estado de consciência mais elevado, um estado que é necessário para sobrevivermos enquanto espécie no futuro. Os chacras põem-nos em contacto com a nossa natureza divina, com o interior eterno que nos consegue dar estabilidade em tempos de mudança.

Funcionando como portais entre os mundos internos e externos, os chacras dão-nos um mapa para nos curarmos, assim como ao mundo que partilhamos. Ao reivindicarmos e repormos a terra, a água, o fogo e o ar, estamos a repor os elementos sagrados dos chacras. Ao transportarmos visão e consciência para a nossa sociedade e ao veicularmos a verdade através de diversos meios, descobrimos que dispomos das linhas mestras para criar um futuro próspero e glorioso.

O sistema de chacras faculta um mapa arquetípico que hoje é ainda mais pertinente do que era antigamente. Talvez os antigos soubessem que chegaria uma altura em que este conhecimento seria necessário. Creio que essa altura é agora.

Então, o que é um chacra?

Vamos, então, definir afinal do que estamos a falar quando empregamos a palavra «chacra». Corretamente pronunciada com um «ch» forte, como em «chave», *chakra* é uma palavra que vem do sânscrito (a língua espiritual da Índia antiga) e que significa «roda» ou «disco». Os chacras são centros giratórios de energia vital que atuam naquele que chamamos de corpo energético ou subtil. Não são físicos no sentido literal do termo (não se conseguiria dissecar uma pessoa numa mesa de operações para encontrar ou substituir um dos chacras!), mas os chacras são experienciados *dentro* do corpo físico como uma ativação subtil de energia em vários locais, como no coração, no ventre ou na garganta.

A palavra «subtil» é muito importante para aprendermos a discernir esta energia, pois ela é de facto subtil e, por vezes, difícil de sentir. Geralmente, é preciso uma perceção treinada para se ver e sentir a energia que está escondida por baixo da superfície e que dá vida à experiência do corpo. Porém, em determinadas situações, a ativação de um chacra pode ser bastante notória, gerando um nó no estômago, uma irritação na garganta, palpitações no coração, ou até mesmo o êxtase de um orgasmo.

O exercício simples que se segue ajuda o leitor a sentir a energia subtil das suas mãos, em cujas palmas temos chacras secundários:

Exercício: Abrir os chacras das mãos

❖ Estenda os braços para a frente, com os cotovelos esticados e uma das palmas das mãos virada para cima e a outra para baixo.

❖ Abra e feche as palmas das mãos rapidamente cerca de 20 vezes, certificando-se de que as abre e fecha sempre completamente.

❖ Quando as suas mãos começarem a ficar cansadas, abra ligeiramente os braços, um pouco mais do que a largura dos ombros e, lentamente, comece a aproximar as palmas das mãos uma da outra.

❖ Pare quando as palmas estiverem a cerca de 15 centímetros uma da outra e veja se consegue sentir um campo de energia subtil entre as suas mãos. A sensação é semelhante à de um campo magnético entre dois ímanes e pode provocar um ligeiro formigueiro nas mãos.

Acabou de abrir os chacras das suas mãos! Qual é a sensação? Estes chacras não têm muitos bloqueios comparativamente aos sete chacras centrais, por isso são muito mais fáceis de abrir. Quando se abrem, eles emitem mais energia. Ao mesmo tempo, tornam-se mais sensíveis a receber sensações, por isso esta combinação permite-nos ter uma experiência direta da energia deles.

Abrir e contrair as mãos estimula esta energia da mesma forma que um massagista ao pressionar repetidamente e libertar a pressão dos seus pés estimula a sensibilidade dos mesmos. Esta expansão e contração reflete a natureza tântrica da filosofia por detrás do sistema de chacras.

Podemos aplicar o mesmo princípio da expansão e da contração aos chacras principais distribuídos pelo eixo central do corpo; no entanto, aqui é um pouco mais complicado. O ioga estimula os chacras exatamente da mesma forma, através de várias posturas denominadas *asanas*. Ao descrevermos cada chacra individualmente nos capítulos seguintes, iremos explorar exercícios específicos para trabalhar cada um deles.

As nossas câmaras internas

Os chacras são como câmaras no templo do corpo. Recebem energia, depois processam-na ou assimilam-na, e mais tarde expressam-na. Em nossa casa, por exemplo, a cozinha é o sítio para onde trazemos a comida, onde a cozinhamos e comemos, e depois onde descartamos o que sobrou. A nossa cozinha está organizada para este efeito, ao passo que a sala de estar está organizada para outras atividades.

Segundo esta perspetiva, a minha definição de chacra é:

Um centro organizativo para a receção, assimilação e expressão da energia vital.

Idealmente, cada um dos nossos chacras tem a capacidade de absorver energia do meio envolvente, como por exemplo da comida, do toque, do amor ou da informação; depois, tem a capacidade de assimilar essa energia, como na digestão da comida ou na compreensão da informação, e de a expressar novamente, por exemplo queimando calorias ao praticar exercício físico, dando amor a outra pessoa ou partilhando o conhecimento. As tarefas diferem de chacra para chacra.

Para cumprir a sua função, cada chacra precisa de ser arquitetado (não queremos uma cozinha sem bancadas), limpo (nem queremos preparar o jantar em superfícies sujas) e capaz de desempenhar as suas funções (queremos que o forno e o frigorífico funcionem).

Nós somos prismas

Se imaginarmos a energia primordial do cosmos a jorrar para dentro de nós, o nosso corpo é como um prisma que decompõe essa energia em diferentes cores ou frequências. Estes diferentes «canais» estão correlacionados com muitas coisas, criando um mapa no nosso corpo através de sete grupos de nervos que se ramificam desde a coluna vertebral, como podemos constatar na figura abaixo. Os chacras também correspondem a glândulas do sistema endócrino e a sistemas fisiológicos, como por exemplo o sistema respiratório ou o digestivo.

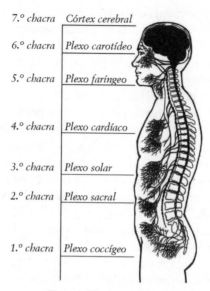

7.º chacra	Córtex cerebral
6.º chacra	Plexo carotídeo
5.º chacra	Plexo faríngeo
4.º chacra	Plexo cardíaco
3.º chacra	Plexo solar
2.º chacra	Plexo sacral
1.º chacra	Plexo coccígeo

Figura 1: Vértebras e chacras

Os chacras correspondem igualmente a elementos arquetípicos, designados nos textos antigos por terra, água, fogo, ar e éter. O éter relacionava-se com o mundo espiritual em geral e era representado pelos três chacras superiores, pois havia cinco elementos e sete chacras. No meu trabalho, ampliei isto para um sistema de sete elementos, respeitando as descrições antigas de cada chacra, mas substituí o éter pelo som e acrescentei a luz e a consciência no que se refere respetivamente ao sexto e sétimo chacras. Ao longo destes quarenta anos de trabalho com os chacras, cheguei à conclusão de que estes elementos representam a forma mais simples e eficaz de compreendermos as diferenças entre cada chacra. Iremos explorar este tema mais a fundo nos capítulos que se seguem, mas pode ficar já com uma explicação rápida da forma como eles abarcam toda a dimensão da nossa experiência:

1. A *terra* é sólida. Mantém a sua forma e representa o mundo físico da matéria, os nossos alicerces, e a Terra, o nosso planeta. Este elemento está ligado ao primeiro chacra, que se encontra na base da coluna.
2. A *água* é líquida e representa o fluxo de energia através das emoções, da sexualidade e do movimento. É o elemento do segundo chacra, localizado na zona do sacro.
3. O *fogo* aquece e energiza. Está associado ao terceiro chacra e representa a capacidade de agir e a força da nossa vontade.
4. O *ar* representa a respiração e entra no corpo através dos pulmões, para ser bombeado pelo coração para cada célula. Está associado ao chacra cardíaco e à energia do amor, da amenidade e da expansão.
5. O *som* é uma vibração que pode ser convertida em música, palavras ou comunicação. Está relacionado com o quinto chacra, conhecido como o chacra da garganta.
6. A *luz* é o que nos permite ver. É o elemento do sexto chacra, também conhecido como o terceiro olho.
7. A *consciência* é aquilo que nos permite experienciar tudo isto: ver e ouvir, amar e agir, sentir e ser. Ela opera através de todos os chacras, mas o mistério da consciência em si é representado pelo chacra da coroa.

Existem muitas outras correspondências, algumas das quais estão descritas na tabela das páginas 30-31. Estas ideias serão debatidas mais extensivamente nos capítulos sobre cada um dos chacras, mas, por agora, basta que se familiarize com o sistema de chacras como um todo para conseguir ter uma ideia de como ele abrange toda a dimensão da experiência.

Quantos chacras existem?

Esta é uma pergunta que me fazem em quase todas as conferências ou *workshops*, por isso vale a pena tirar alguns momentos para falar sobre ela neste livro. A resposta varia, dependendo se estamos a falar dos sete chacras principais, os clássicos, ou se incluímos os chacras secundários das mãos e dos pés, ou os subchacras no coração, na coroa e no terceiro olho. Alguns textos antigos descrevem um subchacra por baixo do coração e minichacras no sexto e sétimo chacras, como o chacra soma ou o chacra guru. Alguns mestres postulam vários chacras acima e abaixo do corpo, ou chacras secundários espalhados por todo o corpo.

Embora aceite que estes chacras extraordinários possam existir, considero que os sete principais chacras formam um sistema elegantemente profundo. Acrescentar chacras que se situam fora do corpo só iria complicar as coisas. Nunca conheci ninguém que dominasse todos os sete chacras básicos, por isso creio que é bom começarmos por aqui. Trabalhar com eles provavelmente será algo que nos manterá ocupados para o resto das nossas vidas.

Basicamente, um chacra é um centro de energia, por isso qualquer sítio onde a energia se acumula pode ser chamado de chacra, como por exemplo o estômago, os joelhos, os cotovelos e até as pontas dos dedos. Neste livro, vamos abordar sobretudo os sete chacras principais e mencionaremos algumas vezes os chacras das mãos e dos pés e o subchacra *Anandakanda Lotus*, por baixo do coração.

Sete identidades

Todos temos uma identidade. Pode ser o nosso nome, a nossa profissão ou o nosso papel na vida. Mas sabe, por acaso, que cada chacra também lhe dá uma parte fundamental da sua identidade?

Baseados na sua localização no corpo, os chacras representam diferentes perspetivas sob as quais percecionamos a realidade. Todos estes estados de consciência fazem parte da nossa identidade básica, e cada chacra suporta uma parte específica dessa identidade. Cada uma dessas partes tem um foco para o *Self*, ou seja, é orientada para uma função ou uma necessidade básica. Podemos ficar demasiado focados nestas identidades ou podemos negligenciá-las.

❖ *Primeiro chacra: Identidade física, orientada para a autoconservação.* Aqui, a nossa consciência foca-se nas questões da sobrevivência, tais como preocupações com a segurança, dificuldades financeiras ou de saúde, ou viver num estado de «lutar ou fugir». A imprescindível identificação com o nosso corpo físico ajuda-nos a sobreviver, ao respondermos às necessidades deste.

❖ *Segundo chacra: Identidade emocional, orientada para a autossatisfação.* Este nível foca-se na forma como sentimos: os nossos desejos, anseios e sensações. É a forma como distinguimos o que queremos do que necessitamos. Esta identidade faz as perguntas: «Eu sinto-me bem assim? Se não, como posso sentir-me melhor?»

❖ *Terceiro chacra: Identidade egoica, orientada para a autodefinição.* Este estado de consciência foca-se naquilo que tentamos ser no mundo, na forma como nos definimos (tanto perante nós próprios como perante os outros) e no que tentamos alcançar através das nossas ações. É uma espécie de identidade executiva que decide qual vai ser a «estratégia do jogo».

❖ *Quarto chacra: Identidade social, orientada para a autoaceitação*. A identidade social só quer ser amada e aceite pelos outros. Representa a nossa consciência *relacional*, o que inclui a nossa perceção dos outros e da rede de relacionamentos à nossa volta. Pode dar origem à criação de uma máscara social em detrimento do verdadeiro eu, para ser aceite. Podemos criar a máscara de uma pessoa simpática, prestável ou forte, para os outros gostarem de nós.

❖ *Quinto chacra: Identidade criativa, orientada para a autoexpressão*. Este nível de consciência está orientado para o âmbito da comunicação, incluindo tanto falar como ouvir, assim como a autoexpressão criativa. Podemos ter aqui uma identidade enquanto artistas, músicos, professores ou terapeutas.

❖ *Sexto chacra: Identidade arquetípica, orientada para a autorreflexão*. À medida que vamos desenvolvendo a consciência, tornamo-nos mais conscientes do «panorama global das coisas», dos padrões arquetípicos mais amplos que nos revelam aquilo que somos no plano maior das coisas, porventura até do nosso destino ou propósito. É aqui que desenvolvemos a nossa intuição e criamos a visão do que queremos para a nossa vida.

❖ *Sétimo chacra: Identidade universal, orientada para o autoconhecimento*. Quando entramos no domínio da consciência em si, reconhecemos que fazemos parte de uma unicidade universal e experienciamos a unidade no nosso interior e exterior. Esta consciência é a verdadeira fonte de autoconhecimento.

Chacra	Localização	Foco principal	Objetivos	Direitos	Fase do desenvolvimento
7.º	Topo da cabeça, córtex cerebral	Consciência	Sabedoria, conhecimento, perceção, conexão espiritual	A saber	Ao longo da vida
6.º	Centro da cabeça, ao nível das sobrancelhas	Intuição, imaginação	Intuição, imaginação, visão	A ver	Adolescência
5.º	Garganta	Comunicação	Comunicação clara, criatividade, sonoridade	A falar e a ser ouvido	Dos 7 aos 12 anos de idade
4.º	Coração	Amor, relacionamentos	Equilíbrio, compaixão, autoaceitação, bons relacionamentos	A amar e a ser amado	Dos 3,5 aos 7 anos de idade
3.º	Plexo solar	Poder, vontade	Vitalidade, espontaneidade, força de vontade, propósito, autoestima	A agir	Dos 18 meses aos 3,5 anos de idade
2.º	Abdómen, órgãos genitais, zona lombar, ancas	Sexualidade, emoções	Fluidez, prazer, sexualidade saudável, sentir, funcionar	A sentir, a desejar	Dos 6 meses aos 2 anos de idade
1.º	Base da coluna, plexo coccígeo	Sobrevivência	Estabilidade, enraizamento, saúde física, prosperidade, confiança	A estar aqui, a ter	Da gravidez aos 12 meses

Identidade	Demónio	Características de excesso	Características de défice	Elemento	Chacra
Identidade universal (autoconhecimento)	Apego	Demasiado intelectual, dependência espiritual, confusão, dissociação	Dificuldades de aprendizagem, ceticismo espiritual, crenças limitadas, materialismo, apatia	Pensamento	7.º
Identidade arquetípica (autorreflexão)	Ilusão	Dores de cabeça, pesadelos, alucinações, delírios, dificuldades de concentração	Má memória, má visão, não conseguir ver padrões, negação	Luz	6.º
Identidade criativa (autoexpressão)	Mentira	Falar excessivamente, incapacidade de ouvir, gaguejar	Medo de falar, má noção de ritmo, afasia (timidez)	Som	5.º
Identidade social (autoaceitação)	Tristeza	Dependência emocional, dificuldade de definição de limites, possessividade, ciúme, narcisismo	Timidez, solidão, isolamento, falta de empatia, amargura, crítica	Ar	4.º
Identidade egoica (autodefinição)	Vergonha	Dominação, atribuição de culpas, agressividade, dispersão, hiperatividade	Falta de força de vontade, baixa autoestima, passividade, indolência, medo	Fogo	3.º
Identidade emocional (autossatisfação)	Culpa	Demasiada emotividade, dificuldade de definição de limites, hipersexualidade, indulgência	Rigidez, apatia emocional, medo do prazer	Água	2.º
Identidade física (autoconservação)	Medo	Abatimento, indolência, monotonia, obesidade, acumulação de coisas, materialismo	Medos frequentes, falta de disciplina, inquietação, magreza, alheamento	Terra	1.º

Tabela demonstrativa das correspondências dos chacras

As correntes de energia

Os chacras, além de serem *centros* de energia em si próprios, são alimentados por correntes vitais de energia subtil. É como se fossem as autoestradas que trazem a energia da fonte divina para dentro do nosso corpo. Imagine um mapa de estradas que descreve a forma como os produtos são distribuídos do fabricante para as lojas. Na filosofia do ioga, estas autoestradas chamam-se *nadis*, significando «correntes de movimento». Existem milhares de *nadis*, das correntes principais às secundárias, à semelhança das nossas estradas, que vão desde as autoestradas de quatro faixas até às estradas nacionais com duas faixas e mais curvas, às pequenas estradas secundárias e outros acessos. Alguns *nadis* transportam mais energia do que outros.

Os três principais *nadis* que energizam os chacras são chamados de *Sushumna*, *Ida* e *Pingala*. O *nadi Sushumna* é o canal vertical que percorre a nossa coluna vertebral. Nos textos esotéricos, ele contém várias camadas, sendo que apenas a mais central é que conduz até ao chacra da coroa. A energia pode ser maior ou menor neste canal central, mas, geralmente, considera-se que ela vai aumentando dos chacras inferiores para os superiores.

Os dois *nadis* que formam uma figura com um padrão semelhante a um oito à volta dos chacras chamam-se *Ida*, que significa «lua», e *Pingala*, que significa «sol». Eles transportam a energia feminina e a masculina (respetivamente), que se interligam como espirais de ADN à volta do *Sushumna*. Se partirmos do pressuposto de que estas espirais se movimentam em direções opostas, uma para cima e outra para baixo, podemos imaginar como estimulam a rotação dos chacras, que agem como engrenagens, alternando entre a rotação a favor e contrária aos ponteiros do relógio. Como mencionámos anteriormente, os chacras funcionam como as principais engrenagens do veículo que nos conduz ao longo da viagem da nossa vida (*consulte as Figuras 2 e 3*).

Muitos praticantes e facilitadores de terapias que visam o equilíbrio dos chacras creem que eles só rodam num sentido, geralmente a favor dos ponteiros do relógio (do ponto de vista do terapeuta), mas para mim isso não tem lógica face à natureza tântrica do modelo dos chacras, que é baseado em polaridades. É possível colocar um pêndulo sobre a parte do corpo onde está localizado um determinado chacra e ver se a energia o faz mover. Os relatos variam em termos da direção que o pêndulo toma; porém, não concordo com a afirmação de que um chacra se está a mover «ao contrário» quando o pêndulo gira no sentido contrário ao dos ponteiros do relógio, que geralmente é o sentido dos ponteiros do relógio, do ponto de vista do chacra da pessoa!

As correntes de libertação e de manifestação

Já se sentiu estagnado? Preso a padrões repetitivos, como por exemplo hábitos, vícios ou crenças limitadoras? Pode ser a sua vontade sair desses padrões, mas por mais que tente, eles persistem. Ou talvez o leitor seja daquelas pessoas que vivem constantemente na mente. Tem imensas ideias boas, mas não sabe como concretizá-las. Tudo isto se reflete na forma como as correntes de «libertação» e de «manifestação» estão bloqueadas no fluxo que percorre os chacras para cima e para baixo.

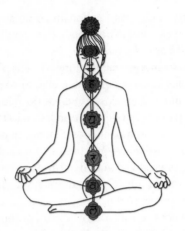

Figura 2: *Os* nadis Ida, Pingala *e* Sushumna

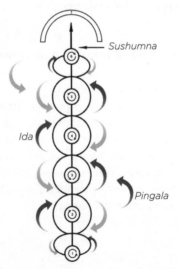

Figura 3: *A rotação dos chacras em função das correntes das polaridades,* Ida *e* Pingala

A *corrente de libertação* flui desde a terra debaixo dos nossos pés, entrando pelo primeiro chacra na base da nossa coluna e depois movendo-se para cima, chacra a chacra, até atingir a coroa e continuar a fluir para além dela, para a consciência universal. Nos textos antigos, esta corrente ascendente chamava-se *mukti*, que significa «liberdade». O seu movimento liberta-nos das formas estanques e visa a libertação e a transcendência.

A corrente descendente começa na dimensão divina universal. Entra pelo chacra da coroa sob a forma de consciência ou de pensamento, e depois desce, chacra a chacra, adquirindo *densidade* a cada etapa, até se manifestar no plano físico. Designei-a por *corrente de manifestação*, a energia através da qual tornamos os nossos sonhos realidade. Descrevo esta corrente mais pormenorizadamente num livro que escrevi, juntamente com Lion Goodman, chamado *Creating on Purpose: Manifesting through the Chakras* (Criar com um Propósito: Manifestar através dos Chacras). Nos textos antigos, esta corrente descendente chamava-se *bhukti*, que significa «satisfação». É através da manifestação do direito divino de estarmos aqui na Terra que desfrutamos das suas mais variadas formas de expressão e que criamos o céu na Terra.

As correntes de libertação e de manifestação misturam constantemente as energias existentes em cada chacra. No primeiro chacra, o chacra da base, temos muito pouca libertação e a manifestação é total. É isso que nos dá a nossa forma física. Quando algo é construído de uma forma alicerçada, como por exemplo a estrutura de uma casa, é muito difícil fazer alterações, por isso existe muito pouca liberdade a este nível. Contudo, no chacra da coroa, temos muito pouca manifestação e a liberdade é total. Somos livres de pensar ou de imaginar qualquer coisa na nossa consciência, e os outros não conseguem ver nem tocar nos nossos pensamentos, como o podem fazer em relação à nossa forma física. No chacra da garganta, conseguimos ouvir a manifestação do som físico, mas não conseguimos vê-lo nem tocá-lo. Ao nível do chacra do coração, ambas as correntes estão em perfeito equilíbrio.

Precisamos de ter ambas as correntes a fluir para sermos seres humanos plenos e produtivos. Se não nos conseguirmos libertar, ficamos presos a padrões estagnados, o que pode originar dependências, compulsões, comportamentos repetitivos e situações persistentes. Se não conseguirmos manifestar, as coisas não descem da nossa imaginação para a realidade palpável. Podemos ter dificuldade em sentir-nos ligados à terra, em sentir as nossas emoções, em agir ou trabalhar.

As correntes de libertação e de manifestação são a principal ligação entre o céu e a Terra. Elas movimentam-se ao mesmo tempo e ativam a rotação dos chacras. São o nosso acesso mais direto à nossa fonte, quer a consideremos interna quer externa, divina.

As correntes de receção e de expressão

Existem outras duas correntes, que são mais interpessoais. Fluem horizontalmente, estabelecendo conexões entre as pessoas. São mais fortes ao nível dos chacras do meio, onde ocorre a maior parte das nossas interações pessoais.

A *corrente de receção* transporta a energia do meio envolvente para dentro dos nossos chacras de várias maneiras, como, por exemplo, recebendo amor, ouvindo uma informação ou vendo um sorriso bonito. Por sua vez, nós também exprimimos energia através de cada um dos nossos chacras, porventura sob a forma de amor, de emoções ou de ideias, através da *corrente de expressão*.

Se alguma destas correntes ficar bloqueada, perdemos a capacidade de receber ou de exprimir totalmente a energia por intermédio de um ou de mais chacras. Pode ser-nos difícil ouvir ou expressar-nos verbalmente, por exemplo. Podemos ficar bloqueados na nossa capacidade de dar ou de receber amor.

Além disso, quando as correntes de expressão ou de receção estão bloqueadas, as energias que existem dentro de nós e à nossa volta têm mais dificuldade em ficar equilibradas. O resultado pode ser ficarmos com uma *sobrecarga de energia*, o que significa que existe demasiada energia dentro de nós que não consegue sair, ou com *falta de energia* ou esgotados, o que significa que damos energia e não recebemos nenhuma. Uma pessoa que tenha um emprego difícil e que não tenha tempo para libertar o seu stresse acumulará demasiada energia e poderá ficar sobrecarregada. Uma pessoa com uma profissão em que está a dar energia todo o dia, como a de enfermeiro ou terapeuta, pode ficar esgotada e sem ânimo se não encontrar maneira de a absorver e repor.

Excesso e défice

Muito poucas pessoas vivem realmente em equilíbrio. A maior parte faz demasiado certas coisas e não o suficiente outras. Estamos demasiado desenvolvidos em alguns chacras e pouco noutros. Tudo isto resulta em chacras que ficam em *excesso* ou em *défice*, ou, por vezes, numa combinação de ambos. Os chacras em excesso retêm demasiada energia, ao passo que os chacras em défice não têm energia suficiente. Os chacras em défice resultam de uma estratégia de *fuga* e os padrões excessivos, de uma estratégia de *compensação excessiva*. É importante percebermos que isto é o resultado dos nossos padrões de defesa, que são repetidos ao longo do tempo, e não de uma ferida original, como, por exemplo, não nos darem amor suficiente ou darem-nos demasiada atenção negativa.

Um dos meus clientes, a quem chamaremos Sammy, evitava sentir as suas emoções (segundo chacra) e também correr riscos (terceiro chacra). Em virtude disso, quando me consultou, não conseguia sentir a zona das ancas nem da barriga. Tinha o segundo e o terceiro chacras em défice. Devido a esta quebra, a sua energia foi desviada para outro sítio (como o leitor poderá adivinhar, para a cabeça). Ele era muito inteligente, mas a sua corrente descendente de manifestação não chegava ao chão: ficava presa nos chacras em défice. Por isso, embora fosse intelectualmente brilhante, Sammy tinha dificuldades ao nível da manifestação. Era desvalorizado no trabalho e tinha dificuldade em terminar os seus projetos.

Por outro lado, noutro caso, Marylin tinha uma ferida no chacra do coração por não lhe darem amor e valorização suficientes em criança. Tentou compensar isso, sendo o centro das atenções e envolvendo-se constantemente em atividades sociais. Não era simplesmente capaz de estar sozinha. Desenvolveu um chacra cardíaco em excesso, não devido a um excesso de amor, mas a um foco exagerado na obtenção do amor. O resultado foi estar tão focada na sua vida social que ficou com muito pouco tempo para si própria e para os domínios mais contemplativos dos chacras superiores. Era uma pessoa bastante terra a terra, mas não conseguia ficar quieta nem meditar, e tinha dificuldade em ouvir a sua voz interior. A sua corrente de libertação estava bloqueada.

Se nos focarmos demasiado numa determinada área como compensação de algo que nos falta, acabamos por criar um chacra em excesso. Se estivermos a compensar um sentimento de fraqueza dominando os outros, o nosso terceiro chacra fica excessivo. Se falarmos demasiado, o nosso quinto chacra fica excessivo. Com o tempo, estes desequilíbrios podem tornar-se verdadeiros bloqueios que impedem a livre circulação de energia ao longo do sistema. Um bloqueio num chacra pode ter impacto sobre outro chacra, como por exemplo vivermos sempre na mente quando a nossa ligação ao corpo é deficiente, ou escolhermos o poder às custas do amor.

Equilibrar os chacras requer equilibrar o excesso e o défice. Os chacras que são excessivos precisam de *libertar energia* para se equilibrarem. Se formos excessivos no nosso quinto chacra (comunicação), por exemplo, precisamos de libertar a nossa necessidade de falar tanto. Se formos excessivos no nosso primeiro chacra e a tendência for engordarmos em função disso (uma das características mais comuns de quem tem um chacra de raiz em excesso), precisamos de libertar esse peso, descarregando-o enquanto energia através da atividade física. Se o nosso terceiro chacra for excessivo (poder e vontade), precisamos de libertar o controlo.

No outro lado da balança, os chacras que estão em défice precisam de *atrair energia para dentro* deles, em vez de fugirem dela. Se fugirmos da nossa ligação com o nosso corpo (défice no primeiro chacra), podemos focar-nos no corpo através de uma massagem, de um treino ou da prática de ioga. Se o défice for no nosso chacra do poder, precisamos de nos expandir, assumindo desafios e riscos. Se o nosso chacra cardíaco estiver em défice, podemos ter de nos permitir receber mais dos outros através da corrente de receção.

Como trabalhar com os seus chacras

A prática espiritual é apenas aquilo que estamos a fazer agora.
Tudo o resto não passa de fantasia.
JACK KORNFIELD

Uma das coisas mais bonitas do sistema de chacras é ele ser tão multidimensional. Há muitas formas diferentes de acedermos aos nossos chacras e de realizarmos o trabalho necessário para os equilibrar. Tudo começa na perceção. Repare o leitor: que zonas do seu corpo estão tensas ou com problemas? Que áreas da sua vida parecem não estar a funcionar muito bem, por exemplo, a área dos relacionamentos, da saúde ou do trabalho? Em que é que tem tendência para se focar quando está a fazer alguma coisa automática, como conduzir ou lavar os pratos? Foca-se na forma como se está a sentir? Isso significa que o seu segundo chacra está a chamar a sua atenção. Foca-se em conversas mentais com outras pessoas? Isso implica o seu quinto chacra, da comunicação. Foca-se no que será a sua próxima refeição? Isso está relacionado com o seu primeiro chacra, da sobrevivência. Foca-se nos seus relacionamentos? Isso é indicativo do chacra cardíaco.

Segue-se uma lista de várias possíveis formas de trabalhar com os seus chacras. Cada um dos capítulos que se seguem inclui exercícios específicos que se podem tornar parte da sua «caixa de ferramentas» para despertar, curar e equilibrar os seus chacras.

1. *O corpo.* O exercício físico estimula o corpo. Treinar põe a sua energia em movimento e, quando a sua energia está em movimento, é mais fácil aceder a todos os chacras. O ioga foi concebido para estimular os chacras

e as diferentes posições tendem a direcionar a energia para diferentes partes do corpo. Por exemplo, as aberturas de ancas são boas para o segundo chacra, ao passo que as aberturas do peito são boas para o chacra cardíaco. Além disso, receber algo físico, como por exemplo uma massagem ou um ajuste quiroprático, ou alterar o seu regime alimentar, irá influenciar os seus chacras.

2. *Visualização.* Pode visualizar cores nos diversos chacras, imaginando a luz a mover-se para cima e para baixo ao longo da sua coluna ou canais de energia, a movimentar-se para dentro e para fora, ou ainda visualizar um chacra a abrir ou a fechar. As práticas mais antigas envolviam essencialmente a visualização de divindades e de símbolos nos chacras.

3. *Mantras.* Cada chacra está associado a um som seminal, chamado mantra *bija*, que tem o objetivo de estimular um chacra quando entoado em voz alta ou interiormente. (Iremos discutir este assunto em maior pormenor no capítulo dedicado ao quinto chacra.)

4. *Exercícios respiratórios*, também chamados de *pranayama*. Pode focar a sua respiração em qualquer um dos chacras, imaginando que o próprio chacra está a inspirar e a expirar.

5. *Relacionamentos.* Ao interagir com outra pessoa, interagimos através de todos os chacras. Nada melhor do que um relacionamento para trazer à tona problemas por resolver, que podem estar relacionados com qualquer um dos chacras. Por isso, um relacionamento é um maravilhoso teste para explorar os seus chacras.

6. *Vida exterior.* O seu trabalho interior não é nada se não for percetível na sua vida exterior. Da mesma forma, há coisas que pode fazer no exterior para desenvolver um

chacra, como por exemplo organizar os seus armários e bens materiais (primeiro chacra), escrever um poema ou aprender a cantar (quinto chacra) ou empreender uma tarefa que desenvolva a sua vontade (terceiro chacra), como uma dieta ou o exercício regular.

7. *Cura energética*. Muitos praticantes deste tipo de cura estão habilitados a remover energia estagnada dos chacras através das suas mãos. Geralmente, as mãos nem precisam de tocar no corpo para gerar alguma sensação de alívio, como uma leveza do ser. Enquanto centros de energia, os chacras podem ser influenciados por um trabalho energético qualificado.

8. *Meditação*. Por último, mas certamente não o menos importante, sentar-se em silêncio em meditação permite que todos os seus chacras se libertem de padrões antigos e sejam renovados com energia fresca. A meditação sobre um chacra em particular pode aumentar a consciência a esse nível. A meditação sobre um conceito relacionado com um chacra específico, como por exemplo os relacionamentos ou a criatividade, pode aumentar a sua consciência destes aspetos na sua vida. A meditação é revigorante para o sistema corpo/mente.

PONTOS IMPORTANTES A RELEMBRAR

❖ Os chacras são centros organizativos para a receção, assimilação e transmissão de energia vital.

❖ O sistema clássico tem sete chacras principais, com chacras secundários nas mãos e nos pés, por baixo do coração e dentro dos chacras superiores.

❖ Os chacras correspondem a elementos arquetípicos: terra, água, fogo, ar, som, luz e consciência.

❖ Os chacras são os pontos centrais das correntes de energia vital dentro do corpo. As quatro principais correntes são as de libertação, manifestação, receção e expressão.

❖ Os chacras podem ficar em excesso ou em défice. Os chacras excessivos são resultado de estratégias de compensação, ao passo que os chacras deficientes são resultado de uma fuga.

PRIMEIRO CHACRA

TERRA

Não teremos a paz na Terra até fazermos as pazes com a terra.
JULIA BUTTERFLY HILL

Localização:	Base da coluna
Nome e significado:	*Muladhara*, suporte da raiz
Propósitos:	Incorporação, enraizamento, engrenagem
Elemento:	Terra
Princípio:	Gravidade
Fase de desenvolvimento:	Da gravidez ao primeiro ano de idade
Identidade:	Identidade física
Orientação:	Autoconservação
Demónio:	Medo
Direito:	A ter
Som seminal:	*Lam*
Cor:	Vermelho
Forma equilibrada:	Enraizado, sólido, estável

Descer à Terra

Para irmos ao que interessa, temos de descer à terra, à raiz das coisas. É aqui que encontramos as bases do sistema de chacras e é aqui que começamos a nossa longa viagem de subida pela coluna vertebral. O chacra da raiz, localizado na base da coluna, é responsável pela parte inferior do tronco, incluindo as pernas e os pés, pelo intestino grosso e cólon, e pelos ossos em geral, que são as partes mais duras do corpo. Se o leitor tiver problemas em algum destes tecidos, considere-o um convite a abrir e a equilibrar o seu primeiro chacra.

Construir uma base sólida suporta tudo o resto que fizermos, o que reflete o nome sânscrito deste chacra, *Muladhara*, que significa «suporte da raiz», também traduzido por «alicerce». Um nome adequado, uma vez que as nossas raízes se enterram no elemento do primeiro chacra, a *terra*, e nos fornecem os alicerces, o apoio e a nutrição de que necessitamos para sobreviver, o que constitui o primeiro desafio neste jogo da vida. Este nível de consciência está orientado para a *autoconservação*, particularmente através da nossa capacidade de nos identificarmos com o nosso corpo físico e com as suas necessidades básicas, não só para nos mantermos vivos, mas também para medrarmos.

À semelhança do vaso que sustém a terra firmemente à volta da planta para criar estabilidade, os aspetos estruturais da nossa vida (a nossa casa, o nosso trabalho, o nosso corpo físico, o nosso regime alimentar e o exercício físico que praticamos) sustêm-nos e dão-nos o suporte de que necessitamos para viver uma vida longa e feliz. Se o leitor for daquele tipo de pessoa que resiste às estruturas ou que evita prestar atenção a este nível de existência, não estará a receber os benefícios de ter um primeiro chacra forte, que proporciona os alicerces para tudo o resto.

Muitas pessoas interpretam o caminho espiritual como um distanciamento do elemento terra, pois este é um elemento denso, pesado e limitado. Na realidade, o foco neste nível chega a ser muitas vezes considerado «materialista», a antítese da espiritualidade. Porém, nos meus quarenta anos de trabalho com o sistema de chacras, cheguei à conclusão de que nada poderia estar mais longe da verdade. O enraizamento é uma parte fundamental do desenvolvimento espiritual. Qualquer jardineiro poderá dizer-nos que uma planta precisa de raízes profundas para crescer. Se tentássemos ajudar as nossas flores a medrar mais depressa puxando-as pelas raízes, o que aconteceria? Ao inverso, quanto melhor a terra e quanto mais fundas e fortes as raízes, melhor uma planta consegue suportar o sol, o vento e a chuva, e mais alto consegue crescer em direção ao céu. Em vez de serem uma negação da espiritualidade, as raízes do primeiro chacra são o início da viagem espiritual!

O paradoxo do primeiro chacra

Isto remete-nos para o princípio básico do primeiro chacra, que é um paradoxo: *temos de fazer força para baixo para subir mais além*. Pense no que acontece quando saltamos. Primeiro, fletimos os joelhos, depois fazemos força contra o chão. Quanto mais fletimos os joelhos e quanto mais força fazemos contra o chão, mais alto saltamos. Também é verdade que quanto mais firme é o chão, mais fácil é saltar. É muito mais difícil saltar na areia da praia, por exemplo, do que no alcatrão. Por isso, termos uma base sólida dá-nos algo firme contra o qual podemos fazer força e permite-nos permanecer seguros e estáveis enquanto subimos rumo à consciência mais elevada e aos chacras superiores. Esta solidez é uma espécie de contenção que permite que a energia dentro de nós se unifique e se eleve.

Fazer força contra o plano sólido da Terra também é uma espécie de engrenagem energética. À semelhança da embraiagem que engata as mudanças num automóvel, a engrenagem no plano terreno *energiza o corpo e põe as coisas em movimento*.

Se o primeiro chacra estiver desequilibrado ou se os nossos alicerces básicos não forem sólidos, iremos desenvolver mecanismos de compensação ou de fuga na maior parte do resto dos chacras. Sandra, por exemplo, não se sente verdadeiramente enraizada e compensa isso com o terceiro chacra, orientado para o poder, controlando tudo o que se passa à sua volta. Noutro caso, George compensa o facto de estar desconectado do seu corpo, vivendo sempre na mente e tentando perceber tudo o que se passa para sentir-se seguro.

Consequentemente, os problemas em qualquer um dos chacras podem ter as suas «raízes» no chacra de base. A minha amiga Amy, por exemplo, queixa-se de se sentir impotente perante a sua vida, quando a origem dessa fraqueza é, na realidade, ter bases frágeis. Ir à raiz dos problemas é sempre um bom ponto de partida para lidar com qualquer situação.

Quando o chacra *Muladhara* está aberto e equilibrado, sentimo-nos estáveis na nossa vida, saudáveis no nosso corpo, sólidos em quem somos e terra a terra nas nossas atividades quotidianas. Somos capazes de concretizar as coisas com facilidade e de viver na abundância e no meio de subsistência certo. Mas ter este chacra equilibrado não é tarefa fácil!

Interpretar o símbolo do primeiro chacra

As quatro pétalas desenhadas no símbolo do primeiro chacra podem ser vistas como representando as quatro direções, o norte, o este, o sul e o oeste, que nos dão orientação no espaço físico.

O quadrado dentro do círculo representa a solidez que vem de uma base que assenta com firmeza no chão. Pense nas expressões «fazer a esquadria de» ou «tirar a raiz quadrada de», que refletem essa estabilidade.

A letra em sânscrito dentro do quadrado é o mantra *bija* ou som seminal, pronunciado *Lam*. A repetição deste som tem como objetivo ativar o elemento terra.

O animal é um elefante com sete trombas, um animal pesado que é muito enraizado e terra a terra, mas com uma tromba que se pode conectar a qualquer um dos outros seis chacras.

Dentro da solidez do quadrado encontra-se um triângulo invertido, representando o «poder Shakti» feminino, que é energizado fazendo força para baixo, mas expandindo-se à medida que vai subindo. Dentro desse triângulo encontra-se o linga, o símbolo fálico de Shiva, o princípio masculino, que se ergue, contido pela energia feminina de Shakti. Enrolada três vezes e meia à volta do triângulo está a energia da serpente divina, conhecida como *Kundalini*. À medida que o primeiro chacra fica energizado, a *Kundalini* desenrola-se e começa a sua viagem de subida pela coluna, mordendo e despertando um chacra de cada vez.

O processo da *Kundalini* pode ser suave e delicado ou pode ser um caminho cheio de solavancos que abana tudo na nossa vida. Se estivermos devidamente enraizados e se os nossos chacras estiverem abertos e preparados para assumir a corrente adicional da energia *Kundalini*, este despertar pode ser fortunoso. Se o chão for sólido, a viagem ascendente é mais coerente. Se o chão for instável, a viagem torna-se caótica.

É tudo uma questão de instinto

Um bom instinto geralmente diz-nos o que fazer antes
de a nossa mente raciocinar.
MICHAEL BURKE

A minha cliente Emily sempre ignorou o seu corpo. Mãe solteira, esfalfava-se a trabalhar, tentando ser a professora universitária ideal e a mãe perfeita ao mesmo tempo. Tudo isto parou de repente quando lhe diagnosticaram cancro da mama. Como é compreensível, esta ameaça à sobrevivência passou a dominar a sua consciência. Ela sobreviveu, mas teve de encetar uma mudança radical nas suas prioridades, nos seus hábitos alimentares, na frequência do exercício físico e nas suas atitudes. Teve de voltar aos instintos básicos do seu corpo e aprender a escutar a sabedoria deles. Teve de regressar às coisas mais básicas e ao primeiro chacra.

O desafio da sobrevivência é o primeiro que enfrentamos na nossa viagem. Temos de permanecer em jogo para podermos jogar. Felizmente, os nossos corpos estão projetados para sobreviver, equipados com instintos que nos fazem transpirar quando temos calor e tremer quando temos frio, saltar quando ouvimos um som alto de repente ou preparar-nos para fugir do perigo, tudo isto sem termos de pensar. Sob o radar da consciência, o nosso coração bate ao seu ritmo, os nossos pulmões expandem e contraem, e o nosso estômago armazena as vitaminas e as calorias de cada dentada que damos.

Esta inteligência baseada no corpo é em larga medida *instintiva*, está incorporada no sistema nervoso, da mesma forma que um computador está programado quando o trazemos da loja para casa. Os nossos instintos derivam de uma parte antiga e primitiva do cérebro que assume literalmente o poder da nossa consciência sempre que nos sentimos ameaçados. Se alguém nos apontar uma arma, se de repente formos despejados da nossa casa ou perdermos o nosso emprego, será difícil pensar em qualquer outra coisa até esta ameaça à nossa sobrevivência e segurança estar resolvida. Depois de o assunto estar solucionado, a nossa atenção fica livre para rejubilar em domínios mais elevados da consciência.

Por isso, a nossa consciência de sobrevivência é primária, razão pela qual se encontra precisamente no primeiro chacra. É ela que gere os nossos pensamentos e as nossas ações, o movimento do nosso sangue e dos nossos músculos, e toda a energia que temos disponível para mantermos o nosso corpo vivo e seguro. A nossa espécie não teria evoluído tanto sem este mecanismo primário. Temos a capacidade de passar por cima destes instintos, mas fazemo-lo por nossa conta e risco, pois tal pode deixar-nos doentes, desenraizados e sem conexão a nós próprios e à realidade que nos rodeia.

Enraizar o corpo

A consciência da sobrevivência conecta-nos à nossa *identidade física*, cuja orientação é a *autoconservação*. Isto significa que nos podemos identificar com as necessidades do nosso corpo. Se estivermos equilibrados nesta identidade, saberemos quando temos fome ou quando estamos cansados, quando precisamos de nos esticar, de nos mexer ou de permanecer quietos, e onde está o nosso corpo no espaço físico.

Se a nossa identificação com o nosso corpo for *insuficiente*, não reparamos nestas coisas. Podemos ficar exaustos, esquecer-nos de comer ou esbarrar acidentalmente contra as coisas. Porém, se a nossa identificação com o corpo for *excessiva*, podemos inquietar-nos demais com ele e ficar presos às suas exigências intermináveis, preocupando-nos com cada dorzinha ou espasmo, ou afligindo-nos com um quilo de peso a mais. A identidade física é importante para a sobrevivência, mas quando nos sentimos seguros e a salvo, idealmente ela deve deslocar-se para segundo plano na consciência e permitir-nos pensar noutras coisas.

O nosso corpo é o veículo que nos foi dado para fazermos a nossa viagem pela vida. Só temos um por vida, por isso é importante cuidarmos bem dele. É a única coisa que sabemos que vamos ter a vida toda. Longe de ser um local ao qual estamos presos na fisicalidade, ele é um veículo deveras encantador, que nos transporta aonde quisermos ir, com total envolvimento sensorial. A mente pode racionalizar e acreditar que as coisas não são verdade, mas o corpo nunca mente. Ele contém uma essência de verdade que é inegável.

Enquanto todos os chacras têm uma localização no corpo, o primeiro chacra está relacionado com o propósito da *incorporação*. A nossa saúde, a nossa forma física e a nossa capacidade de ouvirmos o corpo têm uma relação direta com outros aspetos do primeiro chacra: a nossa capacidade de sermos firmes e prósperos, de estarmos presentes, de estabelecermos limites; resumidamente, de termos o suficiente e de sabermos quando o temos.

Exercício: Enraizamento básico

As nossas duas pernas são como os dois pinos de uma tomada que ligam ao circuito da terra. Quando estamos ligados, conseguimos receber as diferentes frequências de cada chacra. Mas, primeiro, precisamos de energizar as nossas pernas para transmitir esta energia entre a terra e o corpo.

Primeiro passo
❖ Fique de pé, com os pés afastados à largura dos ombros. Os calcanhares devem ficar ligeiramente mais afastados do que os dedos dos pés, ficando as pontas dos pés um pouco viradas para dentro. Não tranque os joelhos, flita-os levemente, virando-os na direção do segundo dedo de cada pé. *Esta é a postura básica de enraizamento.*
❖ Em seguida, energize esta postura, fazendo força com os pés *para baixo e para fora* no chão, como se estivesse a tentar separar as tábuas do soalho entre eles. Repare como sente que o seu corpo está enraizado com mais firmeza na terra e mais presente.

Praticar esta postura irá ajudá-lo quando precisar de estar enraizado face a alguma adversidade.

Segundo passo

Agora que já sabe qual é a postura básica, pode energizar as suas pernas para elas conseguirem puxar mais energia da terra de modo a ativar o seu primeiro chacra. Quando ele estiver ativado, a energia pode acabar por transbordar e subir para os outros chacras. Aprender a fazer isto é uma boa forma de enraizar os chacras superiores na estabilidade do corpo.

❖ Na postura básica, com os pés a fazer força para baixo e para fora, inspire e flita os joelhos, imaginando que está a puxar energia da terra para cima e que ela sobe pelas pernas e entra no primeiro chacra.

❖ Ao expirar, exerça lentamente pressão com *a parte central* de cada perna, fazendo força para baixo e para fora com os pés como se estivesse a separar o chão, e comece a endireitar as pernas. Não tranque os joelhos, endireite cerca de 90 por cento das pernas, mantendo uma ligeira flexão nos joelhos. Trancar os joelhos irá cortar a carga de energia que está a tentar acumular nas suas pernas.

❖ Repita este movimento durante um ou dois minutos, fazendo-o muito lentamente entre fletir os joelhos ao inspirar e fazer pressão com as pernas e endireitá-las ligeiramente ao expirar. O movimento deve ser lento e não mecânico, fazendo-o sentir que está a *engrenar* na solidez do plano terreno como uma forma de puxar energia através das pernas.

❖ Na maior parte dos casos, é possível que sinta as pernas ligeiramente trémulas após alguns minutos a praticar este exercício. Esse tremor é exatamente aquilo que se pretende atingir, pois revela que há nova energia a entrar pelas raízes das suas pernas. Tente permitir que o tremor passe pelas pernas, sem fazer nada para o impedir. Deve mesmo tentar descobrir o que o origina e fazê-lo. Sente o tremor aumentar quando as suas pernas estão quase direitas e está a fazer pressão para separar as tábuas do soalho? Sente-o aumentar quando flete os joelhos ou quando pressiona para afastar o soalho? Irá verificar que quanto mais vezes pratica este exercício, mais o tremor se faz notar. É precisamente isto que se pretende que aconteça.

❖ Continue a acumular energia nas suas pernas e tente permitir que ela entre no seu corpo. Se em algum ponto do exercício sentir que o tremor é desconfortável, como se estivesse a entrar demasiada energia, interrompa o exercício e pontapeie as pernas para fora ou bata com força com os pés no chão. Isso irá descarregar alguma energia e trazê-lo novamente ao normal.

Como e porquê usar este exercício
❖ Quando se sentir sem energia ou sonolento;
❖ Quando precisar de se sentir mais terra a terra e focado;
❖ Para sentir mais o seu corpo;
❖ Para fortalecer as suas pernas;
❖ Para encontrar estabilidade;
❖ Para dar mais energia ao seu corpo.

Formas de melhorar este exercício
❖ Pronuncie o som «I» (que se lê «ai») ao fazer força contra o chão.
❖ Visualize o «I» como o eixo central de energia dentro de si.

❖ Em seguida, continue com as palavras «Eu sou» e veja esse eixo central a expandir-se até aos contornos do seu corpo.

❖ Acrescente as palavras «Eu estou aqui» para sentir que está a ocupar totalmente o seu corpo.

❖ Termine com «Eu estou aqui e isto é meu» como uma forma de tomar posse do seu território.

Coisas a evitar

❖ Evite ficar com demasiada energia se estiver a sentir-se ansioso.

❖ Evite as respirações curtas, que podem fazê-lo sentir-se tonto. Se isso acontecer, dobre-se para a frente ao nível da cintura e baixe a cabeça, deixando-a pender abaixo das ancas.

❖ Evite esticar completamente os joelhos.

❖ Evite qualquer coisa que provoque dor no seu corpo, em especial se já teve lesões nos joelhos, nos tornozelos e nos pés.

Fase de desenvolvimento do primeiro chacra

Idealmente, a incorporação ocorre durante o primeiro ano de vida, quando saímos do ventre para o mundo. O facto de os pais pegarem em nós e nos tocarem direciona o interface mente/corpo para se sintonizar com as sensações corporais, tal como acontece quando nos massajam os pés e de repente despertamos para a existência desta parte do corpo. Os nossos pais são a nossa primeira ligação ao mundo físico e funcionam como conexão e proteção. Enquanto conectores, eles dão-nos calor e colo, comida e conforto, conectando-nos com aquilo de que precisamos para sobreviver. Cuidam de nós quando somos demasiado pequenos para cuidarmos de nós próprios, o que nos dá uma sensação de confiança e segurança. A mãe, em particular, é uma figura muito importante no primeiro ano de vida, quando a nossa consciência está largamente centrada em pôr as funções básicas do corpo a funcionar, como por exemplo comer, digerir, agarrar, gatinhar e andar.

Se ninguém nos pegar ao colo nem nos tocar durante esse período em que estamos a «encontrar» o nosso corpo, temos literalmente de nos sustentar energeticamente. Isso pode dar-nos uma sensação de vida ou de morte, na qual a nossa sobrevivência depende de sermos capazes de nos sustentar, o que resulta num padrão de retenção energética no primeiro chacra, não nos permitindo abrir mão nem confiar no mundo exterior e receber aquilo que ele tem para nos oferecer. Sem essa confiança, podemos questionar o nosso «direito a ter» básico e sentir dificuldade em manifestar o dinheiro, o emprego, a casa ou os relacionamentos. Ou, como no caso de alguns clientes com os quais trabalhei, inicialmente até podiam ter essas coisas, mas não eram capazes de as manter. Podemos fazer uma fortuna e depois perdê-la, ou mudar de emprego com demasiada frequência para conseguirmos adquirir antiguidade ou notoriedade em algum deles.

Para «termos» aquilo de que necessitamos e que queremos na vida, temos de ser capazes de expandir a tendência natural do primeiro chacra para se agarrar às coisas, para haver espaço para receber. O exercício de enraizamento que descrevi acima pode ajudá-lo a fazer isso, bem como as afirmações que se seguem:

❖ Eu estou em segurança.
❖ Eu tenho o que preciso para sobreviver.

❖ Eu consigo cuidar de mim próprio.
❖ Eu amo o meu corpo.
❖ Eu tenho um bom suporte.
❖ Eu tenho o direito de estar aqui.
❖ Eu sou firme.
❖ Eu estou aqui *dentro*.
❖ Este corpo é meu.

Grande parte da nossa «programação» do primeiro chacra é gravada na nossa psique e no nosso sistema nervoso durante o primeiro ano de vida. Do nascimento aos primeiros passos, a nossa ocupação é fazer crescer o corpo e perceber como é estar no mundo físico. Nesta fase de desenvolvimento, as necessidades de sobrevivência têm de ser satisfeitas por outras pessoas, pois ainda não temos capacidade para o fazer por nós próprios. Se essas necessidades forem devidamente satisfeitas, captamos a mensagem, nas profundezas do nosso cérebro primitivo, de que o mundo é um local seguro e de que teremos o que precisamos para sobreviver. Por outras palavras, conseguimos desenvolver uma noção sólida de base. Se tal não acontecer, o primeiro chacra pode ficar comprometido ou traumatizado, dependendo da gravidade da situação, e o resto da nossa vida será construído sobre alicerces instáveis.

Poderá dar-se o caso de o leitor ser uma pessoa que não se sentiu segura e apoiada durante o seu crescimento, o que é comum a muitas pessoas. A falta de atenção, o abandono, a violência, a pobreza e a doença são problemas que têm um impacto negativo sobre a capacidade de o primeiro chacra ser firme e criar segurança, confiança e abundância mais tarde na vida. Na realidade, se estas questões não forem resolvidas, vão continuar a desviar a energia dos outros chacras e a manter-nos numa espécie de consciência de sobrevivência sempre em alta voltagem, mesmo quando tal não se justifica. Isto pode conduzir a uma hipervigilância em relação a tudo o que nos rodeia, à dificuldade em relaxar ou dormir, ou a reações exageradas perante as outras pessoas. Se o leitor se identificar com isto, precisa de praticar o enraizamento para ajudar o seu corpo a sentir-se mais seguro e confiante e para aprender a cuidar de si com amor e compaixão, da mesma forma que uma criança gostaria de ser cuidada.

Encarar os seus medos

Aprendi que a coragem não é a ausência de medo,
mas a vitória sobre ele.
NELSON MANDELA

A falta de segurança cria o «demónio» do primeiro chacra, que é o medo. O medo só é um demónio quando é uma consequência do passado que nos faz levantar demasiado a guarda no presente. O medo é totalmente aceitável se a nossa sobrevivência estiver de alguma forma ameaçada, como numa situação de verdadeiro perigo, por exemplo, de um carro descontrolado ou num caso de violência.

A reação do corpo ao medo é aumentar a sua energia ou «carregar-se» com grande prontidão para fazer o que for preciso para se proteger. Geralmente, designamos esta reação de «lutar ou fugir». O sangue é inundado de hormonas de stresse, em especial das glândulas suprarrenais, para poder agir. Porém, o que acontece muitas vezes, em especial nas crianças, é que o medo surge, juntamente com a energia do corpo aumentada, mas não é possível haver uma reação de lutar ou fugir. Não há para onde fugir ou a pessoa é demasiado pequena ou está demasiado assustada para lutar.

Quando tal acontece, a carga aumentada no primeiro chacra não é libertada através da ação, ficando em vez disso presa num estado «paralisado». Não se consegue aceder a ela, o que gera um bloqueio no primeiro chacra. As pernas podem ficar paralisadas e podemos deixar de sentir o chão. É possível que os nossos instintos fiquem paralisados e a nossa identidade física distorcida, por exemplo, quando pensamos que precisamos de mais ou de menos comida, de mais ou de menos sono do que o realmente necessário. Se o estado de medo básico for constante pode ser desgastante, em especial para as glândulas suprarrenais, podendo mesmo levá-las à exaustão.

Transformamos os nossos demónios encarando-os de frente. Assumir o nosso medo reivindicando a carga que corre pelo nosso corpo é uma forma de o transformar num aliado. Isto significa que nos apercebemos de quando existe um aumento da carga no nosso corpo, e em vez de o interpretarmos como medo, reenquadramo-lo em forma de potência na nossa vitalidade básica.

Permita que essa carga entre nos seus tecidos e lhes dê vida, e irá sentir-se mais no seu corpo. Use essa energia para fazer algo construtivo, como limpar a casa ou dar um passeio, e conseguirá assim «armazenar» essa carga, em vez de perpetuar um ciclo de medo que vai ficando cada vez mais estagnado dentro dos tecidos.

Excesso e défice no primeiro chacra

Tinha duas mulheres à minha frente, voluntárias do primeiro chacra num dos meus *workshops*. Ambas tinham lidado com o abandono na infância. Uma fora adotada ao nascimento e a outra «perdera» a mãe para o álcool e nunca recebera o cuidado e apoio de que necessitava. No entanto, estas duas mulheres eram tão diferentes como o dia e a noite. A que fora adotada criara um corpo grande e sólido e debatera-se toda a vida com problemas de peso. A filha da alcoólica era alta e magra, com olhos vivos e um sorriso rasgado, mas estava desconectada do seu corpo e da terra. Ambas tinham feridas relacionadas com a mãe que produziam medo nos seus corpos, mas as suas formas de lidar com essas feridas eram completamente diferentes.

A mulher mais pesada tinha uma estratégia de primeiro chacra em *excesso*: aumentava o peso do seu corpo para se sentir mais enraizada e substancial. A separação original da sua mãe biológica produzira um medo que se entranhara profundamente nos seus tecidos, embora a sua mente adulta soubesse que ela estava segura. O peso excessivo era uma compensação pela sensação oculta de ser indesejada e de a sua vida não importar. Era como se ela tivesse de produzir um corpo amplo para evitar desaparecer ou ser negligenciada. Embora isto fizesse sentido ao nível de consciência instintivo da sobrevivência, não era benéfico para a sua saúde e vitalidade. O peso tornara-se um obstáculo na sua vida. O peso excessivo costuma ser uma estratégia de compensação pelo excesso no primeiro chacra, embora por vezes também possa haver outros chacras implicados.

A mulher mais magra passava constantemente a vida na sua mente. Era evidente que era uma mulher muito inteligente, e quis compreender totalmente o exercício antes de o experimentar. A nível intelectual, ela sabia porque é que se sentia insubstancial, mas há muito tempo que saíra do corpo e estava com dificuldade em regressar a ele. Tinha problemas alimentares e de confiança, e tendência para ser receosa e hipervigilante em relação a tudo o que a rodeava. Nos chacras superiores, longe da sua base, estava uma estratégia de fuga que criara um primeiro chacra em défice. Não conseguia ganhar peso mesmo que tentasse, mas perdia peso sempre que estava sob stresse.

Repare que ambas as mulheres tinham uma ferida seme-lhante no primeiro chacra: o *abandono*. Nenhuma delas tivera o necessário para enraizar devidamente o seu precioso ser no mundo e estar completamente incorporada na sua vida. Isto demonstra como a mesma ferida pode conduzir a um com-portamento de excesso numa pessoa e de défice noutra. Tal vem das estratégias que funcionaram melhor à medida que fomos crescendo. O problema surge quando mantemos essas estratégias em adultos. O que funcionava quando éramos pe-quenos geralmente torna-se um obstáculo mais tarde.

Mesmo sendo muito diferentes, o tratamento foi seme-lhante para ambas. As portas do primeiro chacra precisavam de ser abertas e alicerçadas. Uma vez abertas as «portas» de um chacra, a energia tende a autorregular-se, tal como o frio e o calor se equilibram quando abrimos uma porta para o exterior num dia quente ou frio.

Conduzi ambas no exercício de enraizamento físico que des-crevi acima. É um exercício concebido para nos conectarmos ao plano terreno através das pernas e dos pés, e, através dessa conexão, puxarmos consciente e deliberadamente energia, ou carga, para dentro do primeiro chacra. Se o praticarmos com frequência, criamos uma sensação de segurança e solidez no nosso ser, deixando o corpo de ter necessidade de compensar ou de evitar. É claro que isto não acontece instantaneamente; estes exercícios são cumulativos e dependem da criação de novos hábitos. Eles estabelecem padrões lentamente, treinando o corpo a «reter» da melhor maneira a energia dentro dos tecidos: nem a menos, nem a mais.

Mais abaixo encontra-se uma lista de características de excesso ou de défice no primeiro chacra. Há pessoas que claramente se encaixam num ou no outro lado, ao passo que outras revelam características de ambas as categorias. Estas são as várias formas que encontramos de conseguir o equilíbrio através da fuga ou da compensação em diferentes áreas do mesmo chacra.

Características de excesso e de défice no primeiro chacra

Características de excesso	Características de défice	Características de equilíbrio
Peso a mais	Peso a menos	Fisicamente saudável
Teimosia, resistência à mudança	Medo, ansiedade	Estável
Pesado, indolente	Inquieto	Enraizado
Demasiado preso a estruturas	Resistente às estruturas	Sólido
Materialismo, ganância	Dado a uma consciência de carência	Próspero, com um meio de subsistência adequado
Preso ao corpo	Desconectado do corpo	Presente no corpo

O papel da estrutura

Amante da liberdade por natureza, demorei muito tempo a aperceber-me do papel da estrutura do primeiro chacra. Quando era mais nova, resistia a qualquer tipo de estrutura que me fosse imposta. O facto de não ter escolha, como no caso de ir para a escola e ter a estrutura das aulas, deixava-me melindrada e interiormente revoltada. Sentia que era condicionante, como se me limitasse.

Vários anos mais tarde, quando vivia numa comunidade alternativa, com um estilo de vida com toda a liberdade possível, apercebi-me de que nem eu nem os meus amigos estávamos a conseguir chegar a lado nenhum na vida. Fiz aquela pergunta que muitos já fizeram: «Se somos tão espertos, porque não estamos ricos?» O talento e a inteligência abundavam, mas os resultados concretos eram fracos. Aquilo que todos tínhamos em comum era resistirmos às estruturas.

Comecei então a ver a estrutura como um *suporte*, algo que na realidade *trazia* liberdade, não a restringia. Depois de me aperceber disso, voltei a estudar, tirei as minhas especializações, aceitei empregos onde era preciso assumir compromissos, tive relações mais duradouras e eduquei os meus filhos até à idade adulta. A minha vida começou a ganhar ímpeto, e, com uma base mais sólida debaixo dos meus pés, consegui alcançar os meus sonhos.

As estruturas são necessárias para conseguirmos atingir qualquer coisa que seja difícil: iniciar um negócio, ficar em forma, escrever um livro, manter um relacionamento ou ganhar a vida. Estruturas como o programa de 12 passos dos Alcoólicos Anónimos (e todas as suas ramificações) ajudam os alcoólicos não só a ficar sóbrios, como também a manter essa sobriedade. Os programas curriculares estão estruturados para sustentar o desenvolvimento dos alunos, por exemplo através do encadeamento de determinadas disciplinas. Podemos precisar de algumas bases em certas disciplinas para elevarmos o nosso conhecimento a outro nível.

Os nossos ossos dão estrutura ao nosso corpo, e se não os tivéssemos, não conseguiríamos ficar de pé. As práticas espirituais, como por exemplo o ioga, a meditação, a dieta ou o exercício físico, são estruturas que suportam a expansão da nossa consciência. Embora possam parecer limitativas, em última análise as estruturas dão-nos liberdade, assim como a terra à volta das raízes de uma planta lhe permite florescer e dar frutos.

Aprenda a adotar as estruturas para conseguir ter êxito. Construa estruturas que o apoiem e honre-as com o seu compromisso. Abençoar as estruturas na sua vida irá permitir-lhe ser bem-sucedido.

PONTOS IMPORTANTES A RELEMBRAR

❖ O primeiro chacra está relacionado com o elemento terra e com tudo o que é sólido e estável.

❖ Aprendermos a enraizar-nos traz-nos estabilidade e ajuda-nos na prosperidade.

❖ O primeiro chacra representa a nossa identidade física, orientada para a autoconservação.

❖ Os nossos instintos estão programados para a sobrevivência e para manter o corpo a salvo a todo o custo.

❖ A programação profunda do primeiro chacra ocorre durante o primeiro ano de vida, quando as necessidades de sobrevivência são satisfeitas pelos pais. Isso gera segurança.

- ❖ O primeiro chacra gere as pernas e os pés, os ossos e os dentes, assim como a dieta e o exercício físico.
- ❖ O demónio do primeiro chacra é o medo.
- ❖ O princípio do primeiro chacra é: «Faz pressão para baixo para te elevares.»
- ❖ Quanto mais profundas são as nossas raízes, mais alto podemos chegar.

SEGUNDO CHACRA

ÁGUA

A mente é como um icebergue.
Flutua com um sétimo da sua grandeza acima da água.
SIGMUND FREUD

Localização:	Zona lombar, abdómen, órgãos genitais
Nome e significado:	*Svadhisthana*, o nosso lugar
Propósitos:	Fluidez, movimento, prazer, sensações
Elemento:	Água
Princípio:	Polaridade
Fase de desenvolvimento:	Dos 6 meses aos 2 anos de idade
Identidade:	Identidade emocional
Orientação:	Autossatisfação
Demónio:	Culpa
Direito:	A sentir
Som seminal:	*Vam*
Cor:	Laranja
Forma equilibrada:	Fluido, gracioso, satisfeito

Mergulhar nas águas

Entrar no domínio do segundo chacra é abrir todo um mundo aquoso de sentimentos e emoções, sensações e desejos, movimento e sexualidade substancial. O elemento arquetípico muda da terra para a água, do sólido para o líquido. A base sólida desenvolvida no primeiro chacra «derrete-se» agora num fluxo de energia que começa a sua viagem de subida pela coluna. O foco da consciência expande-se do eu individual incorporado do primeiro chacra para um nebuloso mundo de dualidade, do *eu* e do *outro*. De facto substancial, este chacra pode ser tanto problemático como maravilhoso.

O principal propósito deste chacra é estimular o movimento e trazer prazer às nossas vidas. Movimentarmos o nosso corpo pelo mundo exterior traz-nos mudança, o que estimula a consciência e dá início ao processo do despertar. O movimento físico, por exemplo da dança, do caminhar ou do exercício, ajuda o sangue e a linfa a circularem pelas células ou até a purificarem o corpo através da transpiração, tudo por intermédio do elemento água. O movimento desperta o corpo energético.

No mundo interior, este chacra trata daquilo que faz a energia subtil fluir pelo corpo. Internamente, somos «movidos» pelas emoções fortes, porventura surgidas de uma história ou de um poema, ou de um encontro com um amigo. Também podemos estimular o fluxo de energia através de práticas como o ioga ou a respiração.

À medida que a energia subtil inicia a sua viagem, ela traz mais sentimentos e sensações para dentro do corpo, o que por sua vez traz mais vitalidade. À medida que ela se movimenta, também pode puxar para cima aglomerados antigos de emoções bloqueadas e trazê-las de novo à vida. A *emoção*, do latim *e*, que significa «fora», e *movere*, «mover», faz mover a nossa energia subtil para cima e para fora.

Se os problemas do primeiro chacra estiverem resolvidos, o foco da consciência muda de «Do que preciso para sobreviver?» para «O que *quero* eu, agora que a minha sobrevivência está assegurada?» Isto pode ser tão simples como terminarmos o dia de trabalho e procurarmos algo divertido para fazer ou, a um nível mais profundo, termos uma base financeira suficientemente sólida para nos movermos numa nova direção e irmos atrás do que nos faz felizes.

Interpretar o símbolo do segundo chacra

O símbolo do segundo chacra é uma flor de lótus de seis pétalas que contém uma lua crescente. Esta significa o movimento das emoções na energia subtil, mimetizando a forma como a Lua movimenta as águas dos oceanos para a frente e para trás com as marés. Muito disto acontece inconscientemente, mas uma das funções do segundo chacra é trazer as emoções à consciência. Também vejo esta lua crescente, cujas pontas apontam para cima, como o «sorriso» do segundo chacra, o sorriso de prazer que surge quando estamos contentes e satisfeitos.

O animal associado a este chacra é o *makara*, um tipo de crocodilo que se assemelha a um peixe e que representa um desejo infindável. Encontrar o equilíbrio neste chacra é saber que desejos satisfazer e quais só levarão à frustração e ao desvio do nosso caminho espiritual.

O som seminal no centro do símbolo do chacra é *Vam*.

O princípio do prazer

A Natureza colocou o Homem sob o domínio de dois
soberanos, a dor e o prazer.
Jeremy Bentham

O que é que põe a *sua* energia em movimento? Se o leitor for como a maior parte das pessoas, será um desejo de fazer algo diferente — esperemos que para melhor. Esse desejo fá-lo literalmente levantar-se do assento (primeiro chacra) e ir para o mundo (segundo chacra). Pode ser tão simples como querer um copo de água ou tão complexo como tirar o curso de Medicina. Pode ser um desejo de se conectar a alguém ou de explorar uma nova experiência. Geralmente, o nosso desejo é *ir ao encontro do prazer e para longe da dor.* O prazer é uma das principais motivações que nos faz avançar.

Sigmund Freud chamou a isto o «princípio do prazer», e afirmou que esta era a principal motivação para a *libido*, que normalmente é associada ao desejo sexual. Porém, a libido é mais do que apenas isso: também é o nosso gosto pela vida em geral. Se a nossa vida for aborrecida e deprimente, se não tivermos nada por que possamos ansiar, a nossa energia vital será mais baixa do que quando estamos entusiasmados com alguma coisa. Podemos arrastar-nos, mas não haverá motivação, nada que aumente a nossa energia vital e nos ponha a mexer. E quando existe uma dor física ou emocional crónica, o corpo desliga a sensibilidade passado algum tempo, para evitar essa experiência. Sem sensibilidade, tornamo-nos indiferentes, desconectados de nós próprios e dos outros.

Os sistemas de crenças que negam o prazer levaram a um mundo de desconexão e insensibilidade, fazendo do prazer excessivo uma compensação. Honrar o princípio do prazer condignamente trará alegria à sua vida, vida aos seus tecidos e motivação à sua viagem.

Identidade emocional

Não podemos adormecer seletivamente as emoções.
Quando adormecemos as emoções dolorosas,
também adormecemos as positivas.
Brené Brown

Tom e Janet estavam sentados no meu consultório a olhar um para o outro com frustração. Ela queria que ele compreendesse os seus sentimentos e que aprendesse a comunicar os dele. Contudo, a emoção era como uma língua estrangeira para Tom, uma língua que ele nunca aprendera a falar. Embora fosse uma pessoa dinâmica que «sabia quem era» no seu papel enquanto CEO de uma empresa tecnológica de sucesso, Tom nunca desenvolvera uma identidade emocional e não conseguia literalmente identificar os seus próprios sentimentos, quanto mais os dela. Não era que ele não sentisse, ele simplesmente não dispunha do vocabulário para transmitir os seus sentimentos aos outros. Em vez disso, eles giravam em turbilhão dentro de Tom, deixando-o confuso e desconectado. E quanto mais esses sentimentos rodopiavam, mais ele se fechava e se tornava inacessível para Janet.

O segundo chacra está relacionado com a nossa *identidade emocional*, que está orientada para a *autossatisfação*. Aqui, a consciência verifica regularmente o nosso estado emocional para ver como nos estamos a sentir. Estamos felizes ou tristes, assustados ou zangados? Experienciamos tudo isto através do domínio do *sentir*.

A um nível subconsciente, as emoções indicam-nos se consideramos algo certo ou errado, bom ou mau, fonte de prazer ou de dor. Aquilo que designamos por «emoções positivas», como a alegria ou o entusiasmo, geralmente são um desejo de ir *em direção* a alguma coisa, a forma de o subconsciente dizer: «Sim, eu quero isto.» Aquilo que designamos por «emoções negativas», como a ira ou o medo, são um desejo de nos *afastarmos* de alguma coisa ou de a retirarmos da nossa vida. Podemos estar zangados devido a algum acontecimento, tristes por alguma coisa que perdemos ou receosos de que alguma coisa de mal possa acontecer, mas são tudo expressões de algum tipo de aversão.

Quando o nosso estado emocional é agradável, geralmente não tentamos mudá-lo. O cérebro emocional está satisfeito e o corpo recebe a mensagem de que está tudo bem. Chamamos a isto «contentamento» ou «satisfação». É um género de bem-estar que permite que a energia continue a fluir livremente.

No entanto, se o nosso estado emocional não for agradável, ele capta a nossa atenção, suplicando uma mudança. Se acordarmos deprimidos, por exemplo, podemos telefonar a um amigo ou a um terapeuta, podemos sair e embebedar-nos ou tentar encontrar alguma outra forma de nos sentirmos melhor. Se não o conseguirmos e se o estado desagradável se mantiver, podemos optar por sentirmo-nos melhor paralisando os nossos sentimentos ou desligando o segundo chacra. Depois desconectamo-nos da nossa identidade emocional e, ao fazê-lo, perdemos o contacto com a capacidade de nos vincularmos emocionalmente.

Então, gostamos de manter as emoções positivas e, idealmente, de utilizar as emoções negativas como um sinal para mudarmos alguma coisa nas nossas vidas. Se as emoções negativas não conseguirem fazer isso, as nossas emoções ficam estagnadas e acabam por se desativar.

A nossa capacidade de identificar o que estamos a sentir está diretamente relacionada com conseguirmos manter esse estado de sentir o melhor possível. Com este casal, ajudei Tom a identificar as sensações no seu corpo como um ponto de partida para chegar às suas emoções. Pelo menos, ele conseguia dizer: «Sinto a barriga contraída» ou «Tenho os maxilares tensos». Mais tarde, trabalhámos no sentido de identificar algumas dessas sensações, como o medo ou a ira. Não obstante, Janet precisava de aprender a validar as suas próprias emoções e procurar menos que fosse Tom a fazê-lo. Quando ela aprendeu a fazer isso, ele sentiu que tinha muito mais espaço para explorar os seus próprios sentimentos.

Fase de desenvolvimento do segundo chacra

A pequena Jenny começara a andar há pouco tempo, e agora conseguia chegar a tudo. Mexia em tudo, punha coisas na boca e brincava incessantemente com brinquedos barulhentos. «Não posso tirar os olhos de cima dela nem por um segundo!», afirmava a mãe com irritação, correndo mais uma vez atrás da menina para lhe tirar alguma coisa da boca que não deveria ali estar. «Ela é muito emocional e chora quando lhe tiro alguma coisa, mas durante pouco tempo. Dali a dois minutos já está a fazer outra coisa qualquer, já se esqueceu completamente do que aconteceu.»

Eu sorri, pois sabia que era um comportamento totalmente típico daquela idade. Jenny encontrava-se na fase de desenvolvimento do segundo chacra, que ocorre quando a criança começa a andar, dos seis meses até aos dois anos de idade.

Seguindo-se à fase de desenvolvimento do primeiro chacra, que se prolonga da gravidez ao ano de idade, este estágio tem início quando a criança começa a sentar-se direita. Nesta altura, a acuidade visual dos olhos muda do foco de curta distância do rosto da mãe para reparar em detalhes que estão mais longe, juntando o mundo exterior à perspetiva. É claro que isto estimula a curiosidade, o que por sua vez estimula o desejo de se mover. Primeiro, a criança rasteja, depois pode gatinhar, e finalmente anda e corre, alcançando tudo e experienciando o mundo através dos seus sentidos.

Será tudo o que a criança irá experienciar agradável? Será tudo doloroso? Não, o mundo é um pacote misto, uma combinação de prazer e dor, bom e mau, gostos e aversões. Idealmente, os pais tentam proteger o mais possível a criança de experiências más e aumentar as boas, deixando marcas na memória que criam uma sensação de bem-estar fundamental. Mas mesmo os melhores pais têm de dizer: «Não, não podes comer mais gelado» ou «Não, não podes brincar com essa faca». Por vezes, a criança lida com a mãe bem-humorada, outras vezes tem de lidar com ela mal-humorada ou mesmo ausente. O prazer e a dor são as consequências inevitáveis de explorar uma perspetiva mais ampla.

Nesta fase, Jenny está a aprender a ir em direção ao prazer e para longe da dor. Ela experiencia o seu meio envolvente através dos sentidos: vê uma coisa, sente o seu sabor, toca-lhe, cheira-a ou ouve-a. Isto dá-lhe um mapa interno do que está no seu exterior.

Ela não sabe muito sobre o mundo, mas está a aprender através do domínio do *sentir* se algo é agradável ou desagradável. Isto dá-lhe as bases para a sua identidade emocional e fluidez de movimento, estimulando a sua capacidade de ter prazer e de sentir as coisas a um nível profundo.

E como é que ela comunica com os outros neste estágio? Não através de palavras, mas de uma expressão da emoção: chora, grita, ri, sorri. Se os adultos que a rodeiam respondem adequadamente às suas emoções, ela aprende a identificá-las. Desenvolve uma «literacia emocional» e, mais tarde, consegue identificar e dar um nome ao que está a sentir.

Se este estágio correr bem, ela irá desenvolver um segundo chacra saudável e equilibrado, com profundidade emocional, sensibilidade, facilidade de movimento e uma sexualidade adequada e gratificante quando adulta. Se as coisas não correrem bem nesta fase, ela pode reagir colocando este chacra em excesso ou em défice, ou uma combinação de ambos.

Excesso e défice no segundo chacra

Connie era uma pessoa sensível e emotiva. Na realidade, eu diria que ela só sentia que era real quando experienciava emoções fortes. Porém, essas emoções nem sempre eram agradáveis. Tanto tinha momentos de felicidade e grande alegria como tinha flutuações de humor que a levavam à depressão, às lágrimas e à ira, para desgosto dos que a rodeavam. Ela identificava-se demasiado com o que estava a sentir, chegando mesmo a dizer uma vez à vizinha que se sentia poderosa quando estava zangada, enquanto gritava com ela por cima da vedação.

Cecily identificava-se demasiado com os seus desejos. Não conseguia resistir à tentação de alimentos altamente calóricos como bolos e queques, e era-lhe difícil resistir a comprar alguma coisa de que gostasse, mesmo quando não tinha dinheiro para isso. Nos relacionamentos, tendia a ser sufocante e adorava estar sempre a tocar e a enroscar-se no companheiro.

Inicialmente atraído por isso, o companheiro acabou por achar esgotante satisfazer tantas necessidades.

Tanto Connie como Cecily demonstravam sinais de um segundo chacra em excesso. Connie não se sentia impelida a satisfazer os seus sentidos, mas sim as suas emoções. Cecily, na realidade, sublimava as suas emoções através da comida e das compras, demonstrando o seu excesso no prazer dos sentidos e no apego sufocante aos outros.

Contrastando com isto, as pessoas que não se identificam ou que estão em défice no segundo chacra nem sequer reconhecem as suas emoções. Consequentemente, têm dificuldade em compreender ou sentir empatia para com os sentimentos dos outros. Este era o caso de Tom, que mencionei acima e que, logicamente, era casado com uma mulher mais excessiva no segundo chacra e que queria conexão emocional! Era como se ele tivesse saído da frequência desse canal, o tivesse desligado e tivesse decidido viver a sua vida noutras frequências. Isso só passou a ser um problema quando iniciou um relacionamento e a mulher se queixou de «ele não ir ao encontro dela», ou seja, das suas emoções. Versões deste mesmo problema são relativamente comuns nos relacionamentos.

De facto, uma pessoa pode estar simultaneamente em excesso e em défice neste chacra, mas em diferentes aspetos. Já vi pessoas que eram excessivamente emotivas, mas sexualmente desligadas, e outras que eram precisamente o oposto, altamente sexuais, mas emocionalmente desligadas. É preciso lembrar que ambas são apenas estratégias quer para evitar quer para compensar feridas que foram infligidas num passado distante. Podem ter-se tornado normais para a pessoa envolvida, mas desequilibraram-na.

As pessoas com emoções e desejos em excesso no segundo chacra precisam de aprender a contenção. Não podem permitir que esses impulsos as dominem, uma vez que contêm uma carga excessiva do passado que pode afetar negativamente o presente. Por outro lado, as pessoas com um segundo chacra em défice precisam de aprender a sentir, «descongelando» o que ficou «congelado». Uma pessoa que não se identifica com as suas emoções precisa de validar o que está a sentir, prestar atenção às sensações subtis no seu corpo, sentir as correntes de energia em movimento e, gradualmente, permitir que essa perceção comunique com a sua expressão emocional. Resumidamente, precisa de permissão para *sentir*. E lembre-se, é possível apresentar características tanto de excesso como de défice, até no mesmo chacra.

Características de excesso e de défice no segundo chacra

Características de excesso	Características de défice	Características de equilíbrio
Demasiado emotivo	Desligado das emoções	Emocionalmente conectado
Demasiado indulgente consigo mesmo	Evita o prazer, o relaxamento	Capacidade de sentir um prazer intenso
Sedutor	Puritano	Limites saudáveis
Personalidade aditiva	Demasiado rígido, castigador	Capacidade de aceitar mudanças

Demasiado sensível	Insensível	Capacidade de sentir profundamente, mas sem se perder nas emoções
Apego obsessivo	Falta de desejo, paixão e entusiasmo	Capacidade de se nutrir e de nutrir os outros
Corpo e pélvis soltos	Corpo rígido	Movimento gracioso
Altamente sexual	Assexuado	Sexualidade e sensualidade equilibradas

O demónio da culpa

Escutando Alice, parecia que ela saía sempre a perder, independentemente do que fizesse. Se iniciasse o dia com uma ida ao ginásio para fazer um treino completo, sentia-se culpada por não ter começado a trabalhar mais cedo. Mas se começasse logo a trabalhar, sentia-se culpada por não fazer exercício. Quando comia algum «disparate», sentia-se culpada, e se tirasse algum tempo para ela ao final do dia de trabalho, sentia-se culpada por não estar com os filhos.

Alice não se sentia culpada por alguma coisa terrível que tivesse feito no passado. A culpa dela era mais subtil do que isso. Sentia-se culpada em relação a tudo o que se passava na sua vida quotidiana e essa culpa impedia-a de desfrutar do que estava a fazer. Não sentia, por isso, a mínima satisfação ou prazer. Isso levava-a a ter tendência para compensar com o excesso de comida e sono, o que a fazia sentir-se terrivelmente culpada!

A culpa é o demónio do segundo chacra. A culpa diz: «Eu não devia sentir-me assim, não devia estar tão zangado, irritado ou inseguro.» A culpa diz: «Eu não devia querer isto, não devia precisar daquilo.» A culpa diz: «Eu não devia sentir aquele desejo, aquela fantasia sexual.» A culpa diz: «Eu não sou bom o suficiente, puro o suficiente, justo o suficiente ou generoso o suficiente.» A culpa pode arruinar qualquer atividade, impedindo-nos de desfrutar do que estamos a fazer e de estarmos realmente presentes enquanto o fazemos.

É claro que há situações em que devemos *mesmo* sentir-nos culpados. É normal sentirmo-nos culpados se fizermos mal a nós próprios ou a outra pessoa, se formos imprudentes ou cruéis, ou se formos contra o que nos diz o nosso discernimento. Este tipo de culpa permite-nos examinar o nosso comportamento e fazer alterações ou correções. Mas o tipo de culpa aleatória que vi em Alice interrompe a corrente de energia que é a fluidez do segundo chacra. É algo que nos retira dos nossos sentimentos, da nossa conexão, e que bloqueia o prazer.

Exercício: Examine a sua culpa

❖ Faça uma lista de todas as coisas em relação às quais se sente culpado.

❖ Preste atenção em que altura do dia é que essas coisas surgem e o que acontece em função disso.

❖ Repare no que acontece quando a culpa assume o controlo. Em que medida é que consegue estar realmente presente no que está a fazer? Em que medida é que está conectado aos outros?

❖ O que é que quer realmente? Do que é que precisa realmente?

Exercícios físicos para o segundo chacra

Exercício: Abanar a pélvis

❖ Deite-se de costas para baixo sobre uma superfície firme, como o chão ou um tapete. Dobre os joelhos, colocando os pés à largura das ancas, a cerca de 30 centímetros das nádegas.

❖ Com movimentos rápidos, empurre os pés contra o chão e solte-os para a frente, permitindo que este movimento abane a sua pélvis para a frente e para trás. A pélvis não faz qualquer esforço, apenas os músculos das pernas. Os músculos abdominais estão completamente relaxados, a força é feita apenas com as pernas.

❖ Repare como estes movimentos relaxam a rigidez na zona lombar.

Exercício: Pernas em posição de borboleta

❖ Sentado, junte as solas dos pés e abra os joelhos para os lados. Faça algumas respirações profundas, focando a sua atenção na parte de dentro das coxas e nas virilhas.

❖ Inspire profundamente e, ao expirar, junte os joelhos lentamente, fazendo o movimento durar o mesmo tempo da expiração.

- ❖ Ao inspirar, volte a afastar lentamente as pernas.
- ❖ Repita este movimento várias vezes, coordenando-o com a respiração, permitindo que ela seja lenta e profunda.
- ❖ Passados um ou dois minutos destes movimentos lentos, acelere um pouco o ritmo, continuando a afastar os joelhos ao expirar e a juntá-los ao inspirar.
- ❖ Poderá dar-se conta de um aumento de energia e de sensibilidade na zona das virilhas. Repare nas sensações que isso lhe traz. Este é um ótimo aquecimento para a atividade sexual, mas se não puder praticá-la por não ser o momento apropriado para isso, pode simplesmente esticar-se e movimentar-se para distribuir a energia por todo o corpo.

Exercício: Levante-se e abane-se

- ❖ Comece com a posição de enraizamento (*veja o exercício no capítulo do Primeiro Chacra*). Posicione os pés afastados à largura dos ombros, ligeiramente virados para dentro, e inspire fletindo os joelhos e expire empurrando o chão para baixo.
- ❖ Quando começar a sentir as pernas a tremer um pouco, permita que essa energia entre no segundo chacra, acrescentando os seguintes movimentos com as ancas: ao inspirar e fletir os joelhos, curve a zona lombar, elevando ao máximo o cóccix. Ao expirar e endireitar as pernas, empurre as ancas e a zona púbica para a frente.
- ❖ Repita o exercício várias vezes, imaginando que o seu pavimento pélvico balança suavemente para a frente e para trás, como um baloiço.

❖ Se pretender descarregar energia (o que é bom para um segundo chacra em excesso), dê mais ênfase ao empurrar as ancas para a frente, fazendo mesmo um movimento rápido.

❖ Se pretender trazer mais energia para dentro do seu segundo chacra de modo a dar-lhe vitalidade (o que é bom para os casos do segundo chacra em défice), dê mais ênfase à elevação do cóccix, curvando completamente a zona abdominal e sacral. Experimente e veja o que funciona para si.

PONTOS IMPORTANTES A RELEMBRAR

❖ O segundo chacra orienta as ancas, as coxas, a pélvis, os órgãos sexuais, o ventre e os sistemas fluidos do corpo, como por exemplo o sistema urinário.

❖ A importância do segundo chacra é pôr as coisas a mexer livremente e com fluidez, como a água, e trazer o prazer às nossas vidas.

❖ O movimento da energia é tanto interno como externo.

❖ O prazer e o desejo são as principais motivações para pôr tudo em andamento.

❖ Este chacra dá-nos a nossa identidade emocional, que é orientada para a autossatisfação. Ela quer que nos sintamos bem.

❖ A fase em que o segundo chacra é desenvolvido incide sobretudo dos seis meses aos dois anos de idade. É uma fase profundamente emocional, quando a criança está a aprender a mover-se para o mundo e a comunicar através das emoções.

❖ O demónio deste chacra é a culpa.

❖ Pôr a sua energia em movimento é a melhor forma de libertar o segundo chacra, em especial movimentando as ancas e as coxas.

TERCEIRO CHACRA

FOGO

Dominar os outros é força.
Dominar-se a si mesmo é o verdadeiro poder.

LAO-TSÉ

Localização:	Plexo solar
Nome e significado:	*Manipura*, pedra preciosa brilhante
Propósitos:	Energia, força, propósito
Elemento:	Fogo
Princípio:	Combustão
Fase de desenvolvimento:	Dos 18 meses aos 3,5 anos de idade
Identidade:	Identidade egoica
Orientação:	Autodefinição
Demónio:	Vergonha
Direito:	A agir
Som seminal:	*Ram*
Cor:	Amarelo/dourado
Forma equilibrada:	Forte, domínio centrado

Descobrir o seu poder

Poder. É ele que governa o nosso mundo. Dos reis e rainhas aos políticos eleitos, das finanças ao exército, do poder divino à eletricidade que alimenta as nossas casas, o poder é evidente em todos os aspetos da vida. Como gerir esse poder, tanto a nível individual como coletivo, é uma das principais questões dos nossos tempos. Do particular para o geral, a evolução em si é uma busca da capacidade de fazer mais com menos, de combater a impotência de se ser um único agente, de reunir o poder para criar a mudança.

Educados a obedecer, sendo que o poder é visto como algo que está fora de nós próprios, vestido de figuras de autoridade como pais, professores, padres, patrões ou políticos, a vida para muitos de nós torna-se uma busca constante de poder. Começamos em crianças, impotentes perante os nossos pais, sabendo pouco sobre o mundo. Crescemos passando por sistemas escolares, religiões, por vezes pelo exército, e saímos para descobrir o nosso lugar no mundo. Começamos a trabalhar por baixo e vamos subindo, esperando alcançar o poder suficiente para simplesmente determinarmos as nossas próprias vidas. E descobrimos que a dinâmica do poder entra em todos os relacionamentos, dos íntimos aos profissionais, e que a nossa programação em relação ao poder afeta todas as decisões que tomamos.

O poder é o tema do terceiro chacra, localizado no plexo solar. O leitor conhece este sítio: é onde sente um nó no estômago sempre que fica nervoso. É aquele sítio nas suas entranhas que se contrai quando está indeciso. Ou aquele sítio que simplesmente entra em colapso quando a sua energia está em baixo e quando tudo parece demasiado.

O plexo solar não tem ossos à sua frente, apenas tecidos moles, por isso é que para estarmos direitos precisamos de ter *espinha dorsal*, uma expressão que também significa sabermos defender-nos, estarmos dispostos a enfrentar os conflitos ou agarrarmos o nosso poder. Se o terceiro chacra estiver demasiado vazio, o plexo solar não se enche e o corpo desaba à volta dele. Se estiver demasiado cheio, tornamo-nos rígidos, densos, inchados ou presos a este nível.

O poder é energia, por isso não é de surpreender que o *fogo* seja o elemento associado ao terceiro chacra, *Manipura*, que significa «pedra preciosa brilhante». Depois de consolidarmos o nosso veículo físico no primeiro chacra e de o pormos em movimento no segundo chacra, temos de aprender a manter esse veículo com combustível para o podermos conduzir e evitar bater nos obstáculos ao longo do caminho. Para tal, precisamos de energia, poder e vontade. Como é que o corpo cria estes aspetos do terceiro chacra?

Esfregue as palmas das mãos uma na outra durante trinta segundos ou mais. O que acontece? Gera-se calor. Quanto mais tempo o fizer, mais calor irá gerar. Isto ilustra o princípio de como a energia é gerada pela combinação do primeiro e do segundo chacras. O primeiro chacra é a matéria, as suas mãos, e o segundo chacra é o movimento, esfregar as palmas uma na outra. O resultado é a fricção, que por sua vez gera calor. Esfregar dois paus um no outro acende o fogo, e a fricção em qualquer máquina gera calor e requer energia. Então, é preciso energia para gerar energia, mas uma vez ateado o fogo, é mais fácil gerar energia.

Despertar o terceiro chacra é atear o seu fogo interno, fortalecer a sua vontade e aplicar tudo isso a um propósito. É uma consequência de pôr o corpo a mexer-se, de ultrapassar a inércia e de direcionar a energia que está dentro de si para um objetivo.

Interpretar o símbolo do terceiro chacra

O símbolo do terceiro chacra é uma flor de lótus de dez pétalas, representando os dez dedos das mãos, a nossa forma de fazer as coisas acontecer no mundo. A raiz da palavra «manipular», «man», significa «mão». Pensamos na manipulação como uma coisa má, mas, na realidade, estamos sempre a manipular a matéria em energia, através dos alimentos que ingerimos, das coisas que movimentamos de um lado para o outro e das ações que empreendemos.

Dentro da flor, existe um triângulo a apontar para baixo, indicando, tal como no primeiro chacra, que o nosso ponto focal vem da terra e se expande à medida que vamos subindo. A deusa Shakti (a energia primordial) também é simbolizada por um triângulo, cujas três fases neste chacra combinam os aspetos da vontade, da ação e do conhecimento (em sânscrito, *Iccha, Kriya* e *Jnana*). Não é suficiente termos apenas a vontade e a ação, elas têm de ser moderadas pelo conhecimento ou pela consciência. Além desta, existem muitas outras trindades no hinduísmo: as três *gunas*, ou qualidades, *Tamas, Rajas* e *Sattva* (a matéria, a energia e a consciência), e as três facetas dos deuses e das deusas enquanto criadores, preservadores e destruidores. O poder advém da combinação sábia de todas estas trindades, que transcende as dualidades do segundo chacra.

Dentro da flor de lótus, encontra-se um carneiro, o animal de poder, e o som seminal, que é *Ram*.

Veja este símbolo na sua totalidade como uma pedra preciosa brilhante, que irradia poderosamente do seu plexo solar e que incendeia o seu poder.

Fortalecer a vontade

> *A forma mais comum de as pessoas abdicarem do seu poder*
> *é pensando que não têm nenhum.*
> ALICE WALKER

O poder vem de uma vontade pessoal clara e deliberada, uma vontade que não tem a força de dominar os outros, mas também não tem a fraqueza de ser dominada pelos outros. Vamos examinar a relação entre a energia e a vontade.

As crianças têm imensa energia. Correm, fazem barulho e brincam imenso, pensando muito pouco naquilo que estão a fazer. Os adultos geralmente fazem o contrário: fazem o que têm a fazer, desempenhando as suas obrigações e honrando as suas responsabilidades (o que quase representa a definição de adulto), mas tendem a ficar sem energia à medida que vão envelhecendo. Um bom fortalecimento da vontade combina a energia dos primeiros com a consciência dos últimos.

Afirmámos que a energia é o combustível do segundo chacra e que é constituída pela combinação da matéria com o movimento, os aspetos do primeiro e do segundo chacras. Mas para realmente desenvolvermos o nosso poder, precisamos de ter força de vontade. A vontade é a combinação da energia, que vem dos chacras inferiores com o propósito da *ação*, com a consciência, que desce do chacra da coroa e que fornece a *intenção*. A ação sem intenção não passa de um capricho e pode mesmo ser prejudicial. A intenção sem ação, bem, sabemos que há um local muito famoso cheio de boas intenções. Não nos leva a nada a não ser à impotência.

A vontade direciona a nossa energia para a nossa intenção de modo a produzir o resultado desejado. Podemos ter a intenção de manter uma dieta, de meditar de manhã ou de limpar a casa, mas se não tivermos a energia para o fazer, a intenção não passará de um pensamento; permanecerá não manifestada. Ou podemos ter imensa energia para fazer algo, mas não sabermos bem o que fazer ou como fazê-lo.

Quando a intenção e a energia se combinam eficazmente e conseguimos alcançar o que nos propusemos a alcançar, obtemos uma sensação de poder. Pense na forma como se sente quando risca um item importante da sua lista de coisas a fazer, transformando o «A fazer» em «Feito!» Desta sensação de poder vem uma sensação de autoestima. O leitor diz: «Eu consigo fazer isto!», o que o torna mais confiante na gestão da sua vida.

Este é o papel do terceiro chacra: combinar a corrente de consciência descendente com a corrente de energia ascendente, criando uma força de vontade que consegue canalizar essa energia para uma ação eficaz. Isto significa que a nossa energia e a nossa intenção precisam de estar alinhadas e em harmonia. Quando elas querem seguir direções diferentes, como no caso da energia que quer ficar na cama e da intenção que quer levantar-se e meditar, ficamos bloqueados no terceiro chacra. Ele simplesmente não sabe o que fazer, pois está a receber impulsos contraditórios de diferentes partes de nós.

O objetivo a longo prazo do terceiro chacra é o *domínio*: o domínio do nosso corpo energético, o domínio das nossas emoções, ações, palavras e pensamentos. O domínio surge ao longo de anos de prática, e a prática é o resultado da combinação da energia com a intenção, vezes sem conta, até isso se tornar espontâneo. O verdadeiro poder está na facilidade que vem do domínio espontâneo.

Contudo, o domínio não equivale a um controlo, que implica que uma parte exerce o poder *sobre* outra, nem implica controlar os outros através da dominação. O domínio é o alinhamento com um sistema de orientação interno, é a condução eficaz e deliberada do nosso veículo ao longo do caminho do nosso destino.

Desejo e vontade

Embora seja maravilhoso navegar nas águas do segundo chacra que oferecem pouca resistência ao prazer, há sempre aspetos da vida e do trabalho que não são inteiramente agradáveis. Sempre que assumimos um compromisso, seja ele, por exemplo, ir trabalhar todos os dias, ter um filho ou casar, há dias em que os nossos desejos e sentimentos não são compatíveis com o nosso compromisso. Há dias em que simplesmente não nos apetece ir trabalhar, em que preferíamos ficar na cama e não ter de ir levar os filhos à escola ou em que é difícil lembrarmo-nos da razão pela qual casámos com a pessoa que está à nossa frente a tomar o pequeno-almoço. Nessas alturas, precisamos de uma grande força de vontade para termos energia para fazer essas coisas.

Quando passamos pelo segundo chacra, encontramos o desejo e a escolha. «Quero ir por aqui ou por ali?» «Quero ir naquela direção ou evitá-la?» Quando fazemos ativamente uma escolha e agimos para a concretizar, estamos a fazer uso da nossa vontade.

Porém, o desejo e a vontade têm uma relação estranha. Nem sempre estão alinhados e podem mesmo ser inimigos um do outro. Quando surge uma escolha, o que *devemos* fazer em oposição ao que *queremos* fazer, o desejo e a vontade são como dois cavalos ansiosos por iniciar uma corrida. Se dermos demasiado azo aos nossos desejos, a nossa vontade fica preguiçosa e o desejo ganha. Torna-se difícil fazer o que precisamos de fazer, quer seja lavar a loiça, terminar um trabalho ou manter a disciplina, por exemplo para treinar ou fazer dieta.

Por outro lado, quando a vontade é demasiado forte e domina o desejo, começamos a perder a alegria de viver. Afastamo-nos do prazer das coisas e a vida torna-se aborrecida e pesada. Começamos a perder a energia que sobe vinda dos dois primeiros chacras, restando pouco combustível para a vontade.

Idealmente, a vontade e o desejo estão alinhados, e então o desejo alimenta a vontade. Pense na forma como se sente quando acorda cedo para ir de férias, comparada com a sensação de acordar cedo para ir trabalhar. É a mesma tarefa, mas há mais entusiasmo quando o desejo está presente.

É importante lembrar que estamos sempre a fazer escolhas. Se a conversa dentro da nossa cabeça assentar apenas numa série de obrigações, como por exemplo «Tenho de limpar a casa» ou «Tenho de pagar as contas», colocamos o poder fora de nós próprios e perdemos a noção da escolha. Se reformularmos o nosso diálogo interno para refletir a *escolha*, estaremos a dar poder a nós próprios. Podemos dizer: «Eu escolho lavar a loiça porque quero a cozinha limpa.» Manter uma dieta, por exemplo, torna-se então uma questão de escolher ingerir comida saudável e nutritiva, ao invés de ficarmos esfomeados e de nos sentirmos privados.

Fortalecer a vontade começa por nos apercebermos de que tudo o que fazemos — ainda que achemos que é só para agradar aos outros —, fazemo-lo na realidade com a nossa vontade. Apoderarmo-nos da nossa vontade é o primeiro passo para a reivindicarmos, e o primeiro passo para o poder.

Exercício: Elabore uma lista

❖ Elabore uma lista de tudo aquilo que diz a si próprio que «tem de» fazer. Inclua tarefas a curto prazo, como por exemplo limpar a casa, e outras a longo prazo, como terminar um projeto ou entregar a declaração de rendimentos. Aqui fica um exemplo:

Eu tenho de:
- Lavar a roupa.
- Escrever um relatório.
- Ser mais simpático para com o meu vizinho.
- Pagar as minhas contas.
- Lavar a loiça.
- Passar mais tempo com os meus filhos.
- Limpar a garagem.
- Perder algum peso.
- Comer melhor.
- Fazer mais exercício físico.

❖ É possível que a sua lista seja bastante extensa. Repare como é que isso o faz sentir.

❖ Depois, releia a lista, mude todos os seus «tenho de» para «eu decido» e veja como se sente. Pode até escrever «Eu decido porque…», como no exemplo «Eu decido pagar as minhas contas porque quero ser bom pagador» ou «Eu decido ter cuidado com a alimentação porque isso me faz sentir melhor».

Repare que não chegámos ao «eu quero». É possível que não seja o caso com os seus impostos ou as suas contas, mas pode sempre dar poder a si próprio através do poder de escolha. E se não puder «escolher» o que está a fazer, pode ser a ocasião de se interrogar por que razão o está a fazer.

Lembre-se, também pode escolher *não* fazer alguma coisa. Dizer que não a algo que não quer também faz parte do domínio da vontade.

Fase de desenvolvimento do terceiro chacra

A minha amiga Karen andava irritada. O Nathan, seu filho, estava na fase terrível dos dois anos e era muito difícil lidar com ele. Ele não parava de contrariar a vontade da mãe, dizendo que não, fazendo birras impertinentes, recusando-se a colaborar de uma forma generalizada. Ela já não sabia o que fazer.

Todos os pais se recordam de quão difícil é esta fase do terceiro chacra, quando a criança descobre a sua própria vontade e a usa como um brinquedo novo para manipular toda a gente à sua volta. Embora seja bom desenvolver a sua força de vontade, uma criança sabe muito pouco acerca do mundo, por isso não a consegue usar da forma mais adequada. As crianças não sabem que é perigoso brincarem na rua, que comer demasiadas guloseimas as faz ficar doentes e que muita gente vai ficar zangada se elas gritarem no supermercado.

Se o primeiro chacra tem que ver com conter e o segundo com libertar, o terceiro chacra tem que ver com saber *quando manter e quando deixar ir.* Isto traduz-se em sabermos se libertamos ou se contemos os nossos sentimentos, se falamos ou se permanecemos em silêncio, se agimos ou se ficamos quietos. Na infância, esta escolha é mais evidente no treino do bacio, no qual se aprende quando conter e quando libertar.

O objetivo do desenvolvimento aqui é o *controlo dos impulsos.* Antes desta fase do terceiro chacra, as crianças são pequenas máquinas reativas: o que entra sai logo a seguir, tanto no sentido literal, como figurado. Elas choram quando estão tristes e gritam quando estão frustradas, com pouca noção das consequências, simplesmente porque até esta fase não têm a maturidade muscular nem mental para controlar o seu próprio comportamento.

No entanto, para se tornar um ser social (o que acontece no chacra do coração, a seguir a este), o Nathan terá de aprender a controlar os seus impulsos de bater, tirar, gritar, partir coisas ou dominar através das emoções. O que acontece nesta fase é que na maior parte das crianças a energia quer entrar logo em ação! O mundo é um parque de diversões a ser explorado e desfrutado. Por isso, os pais e os filhos entram numa disputa de vontades que abrange grande parte desta fase, dos 18 meses até aos três anos de idade (e que pode regressar na adolescência!).

Quando o Nathan consegue controlar os seus impulsos, geralmente é recompensado ou elogiado. Também tem a sua primeira experiência de domínio, o que, como o leitor se recorda, gera autoestima. Quando o Nathan tem a sensação de ser capaz de dominar uma tarefa, como por exemplo vestir-se ou montar um brinquedo, ele desenvolve autoconfiança. A criança precisa de ter uma sensação de poder para ganhar confiança, mas esse poder tem de ser desenvolvido em equilíbrio com o poder das outras pessoas.

O problema é que alguns pais esperam demasiado dos filhos, ou demasiado cedo. Neste caso, é difícil a criança experienciar qualquer tipo de domínio e o terceiro chacra permanece vazio ou em défice. As crianças que são demasiado controladas por pais autoritários negam de tal forma os seus próprios impulsos que a sua espontaneidade e o seu espírito brincalhão desaparecem. Por outro lado, também há crianças a quem os pais satisfazem demasiadas necessidades, ao ponto de elas adquirirem uma falsa noção do seu próprio poder, o que mais tarde torna difícil o relacionamento com os outros.

Identidade egoica

É nesta fase que a criança começa a desenvolver a sua identidade egoica, que é orientada para a autodefinição. O ego dá-nos a nossa primeira consciência do eu, de quem somos e de como nos queremos mostrar ao mundo. Precisamos de um ego forte para sobreviver neste mundo competitivo. Precisamos de saber quem somos e o que queremos, e de ser capazes de nos defendermos se tal for necessário.

O ego é como uma identidade executiva: é ele que decide qual vai ser a estratégia de jogo e como executá-la. Porém, o ego não é toda a pessoa, e ficarmos presos a este nível aprisiona-nos na nossa identidade egoica e impede-nos de chegar aos chacras superiores, em especial ao chacra cardíaco.

Idealmente, o ego é como uma casa. É onde temos roupa à nossa medida, a nossa decoração favorita nas paredes e o nosso tipo de comida no frigorífico. Precisamos de uma casa ou de um apartamento aonde possamos regressar no fim de um árduo dia de trabalho. Mas se nunca saíssemos da nossa casa, levaríamos uma vida deveras pequena. Existe um mundo gigante para explorar, muito maior do que o nosso pequeno ego.

Ter um ego forte é o indicado para um terceiro chacra saudável. Mas permanecermos presos aqui impede-nos de avançar espiritualmente, ficando a faltar mais de metade do sistema de chacras! É importante mostrarmos ao nosso ego que ele tem um lugar definido, mas mantê-lo nesse lugar é igualmente importante.

O demónio da culpa

> *Uma pessoa envergonhada evita expor o seu íntimo*
> *aos outros, mas, mais importante,*
> *evita expor-se a si própria.*
> JOHN BRADSHAW

Já afirmámos aqui que o principal objetivo do poder do terceiro chacra é o autodomínio. Quando somos bem-sucedidos na combinação da nossa energia e da nossa intenção para gerar um resultado desejado, sentimo-nos poderosos.

A outra face da moeda do terceiro chacra é o demónio da vergonha. A vergonha é o oposto do poder. Ela tende a arruinar o terceiro chacra e leva-nos a querermos esconder-nos ou desistir. Pode paralisar-nos com o medo de fazermos algo mal e levar-nos a uma sobrecarga de trabalho para provarmos a nós mesmos que somos merecedores.

Os pais envergonham demasiadas vezes os filhos à conta das ações naturalmente imaturas destes. «O que é que se passa contigo? Devias ter vergonha!» Ou: «Tenho muita vergonha de ti por causa do que fizeste. Como é que achas que eu fico com isto?»

Quando tal acontece, a criança associa a sua tendência natural para transformar a energia em ação ao perigo. Quando a energia consegue ser libertada, isso é alvo de julgamento e de vergonha. «O que fiz não foi suficientemente bom.» «Estou sempre a estragar tudo.» «Não consigo fazer nada bem.» Então, a energia fica retida no interior e pode ser muito difícil aceder a ela mais tarde. Noutros casos, há pessoas que reagem a um passado de vergonha redobrando os seus esforços para provar o seu valor, o que resulta em levarem-se ao limite do cansaço e da exaustão. Estes são exemplos tanto de excesso como de défice no terceiro chacra, sendo que ambos podem resultar deste demónio traiçoeiro.

Excesso e défice no terceiro chacra

Mary Lou estava sentada no meu consultório, curvada e contraída, com as lágrimas a escorrerem-lhe pelo rosto. Disse-me que estava em pânico por causa de uma apresentação que tinha de fazer no dia seguinte. Tinha pavor de se expor e de ser olhada, pavor de falhar, e possuía um padrão antigo de não levar a cabo a sua vontade quando tentava fazer alguma coisa. O seu terceiro chacra estava completamente arrasado, e quando lhe pedi que se levantasse e pressionasse o seu plexo solar contra a minha mão, senti que simplesmente não havia qualquer substância ali. Era como se eu conseguisse empurrá-lo completamente até à coluna, sem qualquer tipo de resistência. Não admira que ela estivesse assustada! Mary Lou tinha um terceiro chacra em défice.

Por outro lado, Ron era uma central elétrica. Proprietário de uma grande empresa, trabalhava horas a fio e tinha imensas responsabilidades. Dava uma boa vida à família, mas o hábito que tinha de controlar tudo à sua volta, incluindo a si mesmo, estava agora a criar tensão no seu casamento. A mulher ameaçava deixá-lo se ele não fizesse grandes mudanças, abrandasse e aprendesse a criar intimidade. Essa foi a coisa mais difícil que alguma vez lhe pediram. O seu terceiro chacra era excessivo.

Um terceiro chacra em excesso pode assim assumir a forma de simplesmente *fazer demasiado*. A pessoa torna-se um «fazer humano», em vez de um ser humano, talvez com pouca preocupação em controlar as circunstâncias ou as outras pessoas, mas sempre tentando conseguir alguma coisa. É uma postura que serve os interesses da identidade egoica do terceiro chacra, que procura autoestima. Na cultura ocidental, somos recompensados pelos nossos feitos, o que pode conduzir a uma atividade excessiva, mas que acaba por levar o terceiro chacra à exaustão.

Características de excesso e de défice no terceiro chacra

Características de excesso	Características de défice	Características de equilíbrio
Controlador	Fraco	Assertivo
Dominador	Mentalidade de vítima	Ponderado
Constantemente ativo	Passivo	Autodisciplinado

Úlceras, azia	Má digestão	Boa digestão
Temperatura tendencialmente mais quente	Temperatura tendencialmente mais fria	Morno
Arrogante	Apático	Confiante
Teimoso	Crítico	Corajoso
Compulsivo	Sem objetivos	Com um propósito

Exercício: Aumentar o seu poder

Para nos sentirmos poderosos, precisamos de movimentar deliberadamente a energia ao longo do nosso corpo. A melhor forma de praticar este exercício é com outra pessoa, mas se estiver sozinho, pode recorrer a uma parede.

❖ Fique de pé em frente à outra pessoa com os cotovelos dobrados ao lado do corpo, as palmas das mãos viradas para a frente e longe de si. Certifique-se de que as suas mãos estão à altura do terceiro chacra, o que significa que os antebraços estão mais ou menos paralelos ao chão. (Em alternativa, ponha as palmas das mãos contra uma parede, com os antebraços paralelos ao chão e as mãos à altura do terceiro chacra.)

❖ De frente para o seu parceiro, junte as palmas das suas mãos às dele (ou contra a parede). Enraíze-se e conecte-se em cima e em baixo através do seu centro, *permanecendo no eixo central da sua energia.*

❖ A partir deste eixo, faça força para a frente contra as mãos do seu parceiro (ou contra a parede), sem perder o alinhamento através do seu centro. Tenha atenção para se manter alinhado e evite inclinar-se para a frente em relação ao seu centro. Certifique-se de que o seu tronco permanece na vertical. Simplesmente empurre os braços para a frente *a partir* do seu centro. Imagine que é como uma árvore que estica um galho do seu tronco, mas sem empurrar o tronco para a frente.

❖ Ao fazer força contra as mãos do seu parceiro, ele faz o mesmo contra as suas. (A parede é neutra, mas sólida, e oferece resistência.)

❖ Abra os olhos e olhe para a outra pessoa. Cada um de vocês está no seu poder e a estabelecer contacto com o outro no seu poder. Mantenha o seu poder, permitindo-se até rosnar ou fazer uma careta, se quiser.

❖ Gradualmente, vá diminuindo a pressão das suas mãos e separe-se lentamente das mãos do outro. Leve as mãos ao terceiro chacra e sinta o poder que lá está.

❖ Partilhe a sua experiência com o seu parceiro.

Exercício: A posição do lenhador

Dizem que quem corta a sua própria lenha é aquecido duas vezes, uma pelo fogo e outra pela ação de cortar a lenha. Este exercício vai deixá-lo quente. Ele liberta o terceiro chacra e coloca-o em movimento. É bom para descarregar o terceiro chacra, mas também para libertar energia estagnada e bloqueios.

❖ Coloque-se de pé com os pés à largura dos ombros e flita ligeiramente os joelhos. Faça algumas inspirações e expirações, praticando a técnica de enraizamento (*consulte o exercício no capítulo do Primeiro Chacra*), isto é, inspirando ao fletir os joelhos e expirando ao fazer força contra o chão e ao endireitar as pernas.

❖ Quando sentir a energia ativa nas suas pernas, acrescente a parte do segundo chacra (*consulte o exercício «Levante-se e Abane-se»*), elevando o cóccix ao inspirar e fletir os joelhos, e empurrando as ancas para a frente ao expirar e endireitar as pernas.

❖ Nesta altura, estará pronto para trazer a energia que gerou até ao terceiro chacra. Alargue a sua posição, afastando mais os pés, mais do que à largura dos ombros. Erga os braços por cima da cabeça, entrelaçando os dedos das mãos e arqueando ligeiramente as costas, movendo os pulsos um pouco para trás.

❖ Inspire profundamente e imagine que tem um machado nas mãos e que existe um grande tronco de madeira à sua frente.

❖ Quando estiver preparado, expire e produza um som «Ah!» ruidoso, ao mesmo tempo que movimenta os pulsos e todo o tronco para baixo, em direção ao tronco de madeira imaginário. Deixe os pulsos irem até ao meio das pernas, ligeiramente para trás do seu corpo. Deixe a cabeça seguir esse movimento.

❖ Inspire e levante-se novamente, com os braços por cima da cabeça.

❖ «Recarregue as baterias» e repita o exercício várias vezes, produzindo um som de fricção no ar sempre que baixa os pulsos e o tronco e emitindo um «Ah!» em voz alta.

❖ Quando terminar, pare e sinta a zona à volta do seu terceiro chacra. Deve senti-la quente, de alguma forma mais liberta e mais relaxada.

❖ O elemento do terceiro chacra é o fogo.

❖ Geramos energia combinando a matéria com o movimento.

❖ A vontade é a combinação da energia com a intenção.

❖ Desenvolvemos a autoestima através do domínio, e o domínio através da prática.

❖ A vergonha é o demónio do terceiro chacra e destrói o plexo solar.

❖ Precisamos do ego para alcançar o sucesso, mas não queremos ficar presos a ele.

❖ Equilibrar o excesso e o défice gera um poder eficaz.

QUARTO CHACRA

AR

A tua missão não é procurar o amor,
mas procurar e descobrir todas as barreiras que ergueste contra o amor.
RUMI

Localização:	Peito, pulmões e coração
Nome e significado:	*Anahata*, som impronunciável
Propósitos:	Amor, equilíbrio, amplitude
Elemento:	Ar
Princípio:	Equilíbrio
Fase de desenvolvimento:	Dos 3,5 aos 7 anos de idade
Identidade:	Identidade social
Orientação:	Autoaceitação
Demónio:	Tristeza
Direito:	A amar e a ser amado
Som seminal:	*Yam*
Cor:	Verde
Forma equilibrada:	Aberto, amoroso, centrado

A misteriosa essência do amor

Cada um dos chacras não só nos abre para um local dentro de nós próprios, como para todo um domínio da existência. No chacra cardíaco, esse domínio é o do amor universal. Somos envolvidos por ele, mas geralmente não o conseguimos ver, tal como somos envolvidos pelo ar, mas ele é invisível. E, à semelhança do que acontece com o ar, que é o elemento do chacra cardíaco, não conseguimos viver sem amor. Absorvemo-lo a cada respiração, inspirando-o e expirando-o numa troca contínua. O propósito do chacra cardíaco é abrir-nos a esse amor, tanto no interior como no exterior, e descobrir o sítio onde os mundos internos e externos se conectam.

Como é que abrimos o nosso coração? Como descobrimos o caminho para ter mais amor, um amor mais profundo, um amor mais amplo? Como é que nos abrimos para receber amor, para nos amarmos incondicionalmente? E, criada essa abertura, como é que damos mais amor, valorizando os que estão à nossa volta e ajudando o nosso mundo a despertar para as possibilidades de um paradigma baseado no amor?

Descobrimos o amor dentro de nós conectando-nos ao centro do nosso ser. Isso implica sintonizarmo-nos com o corpo (primeiro chacra), permitirmos o fluxo de sentimentos (segundo chacra), suportarmo-nos através de uma vontade serena e firme (terceiro chacra) e, então, com o apoio dos chacras inferiores, abrirmo-nos à amplitude de ar no coração.

Desta forma, o coração é o centro do nosso ser. Temos três chacras acima dele e três chacras abaixo dele, por isso, ele é o sítio do equilíbrio e da integração.

Tal como o terceiro chacra foca a energia no «fazer», o chacra cardíaco leva-nos a um estado de profundo «ser». Acima da vontade e do esforço, entregamo-nos a um poder superior, a uma abertura mais ampla, a uma amenidade expansiva, equilibrando o dar e o receber numa reciprocidade permanente. Contudo, muitas vezes é necessária a vontade para se chegar a esse estado de ser, assim como o esforço para escalar uma montanha é necessário para se chegar ao cimo, onde tiramos a nossa bagagem, relaxamos e simplesmente desfrutamos da permanência ali. Quando a função do terceiro chacra é cumprida, o chacra cardíaco é suportado na sua abertura.

Encontramos então o amor em tudo à nossa volta, apreciando as incríveis dádivas da vida, com toda a sua beleza, todo o seu mistério, toda a sua magia e infinita variedade. Até as nossas aprendizagens, por mais duras que por vezes sejam, nos abrem à compaixão, ao perdão, à compreensão e ao amor. Estas características do coração amenizam o corpo, amenizam a fronteira entre o interior e o exterior, o eu e o outro, para nos abrir ao amor que está sempre lá.

O domínio universal do amor que está em nosso redor é inteligente e compassivo. Ele está pronto a abraçar-nos, a conceder-nos as suas inúmeras bênçãos. Está à espera que tomemos consciência de que ele sempre esteve ali, a guiar-nos, a abençoar-nos, a amar-nos. Só precisamos de abolir as barreiras que construímos para nos protegermos, que podem ter sido necessárias em alguma altura no passado, mas que agora só estão a obstruir o nosso caminho.

O amor é a cola do Universo, mantendo o nosso mundo unido numa miríade de relacionamentos em permanente troca de energia uns com os outros. É esta troca que torna todo este mundo possível, desde as árvores que libertam oxigénio e absorvem dióxido de carbono, até aos fungos que transformam as plantas em terra, ao sol e à chuva que precisam do equilíbrio necessário para gerar vida. É um milagre extraordinário este mundo interligar-se tão bem.

Se o sexo é a primeira circunstância em que experienciamos uma dissolução da bolha do ego que nos mantém separados, apaixonarmo-nos é a circunstância em que essa dissolução se torna mais permanente do que uma experiência momentânea. Ao subirmos pelos chacras, rumo à unicidade da consciência universal, apaixonarmo-nos e permanecermos apaixonados são passos essenciais para o nosso despertar.

Exercício: É altura de respirar!

❖ Faça uma inspiração profunda. Sinta o ar a encher os seus pulmões, expandindo o seu peito. Sinta a amplitude que é criada através de uma inspiração profunda. Pode até reter a respiração por um momento, enquanto abraça os seus chacras inferiores firmemente no seu centro.

❖ Agora, deixe o ar sair novamente, libertando suavemente as tensões do seu corpo, enquanto solta os ombros, o peito, os braços e as mãos.

❖ Sinta o impulso natural de inspirar novamente e deixe que os seus pulmões se encham ainda mais. Ao fazê-lo, imagine que todo o seu corpo está a inspirar, que a sua pele é uma membrana que se expande e se contrai, que a barreira entre o interior e o exterior se vai dissolvendo lentamente...

❖ Repare no equilíbrio natural entre a expiração e a inspiração. Há sempre ar suficiente para inspirar, há sempre mais uma respiração a fazer, desde a sua primeira arfada quando nasceu até ao seu último sopro no final da vida. Tal como o coração nunca para de bater do ventre ao túmulo, a respiração é um traço distintivo da vida.

O ar, o elemento do chacra cardíaco, é mais leve e mais solto do que a terra, a água ou o fogo, os elementos dos três primeiros chacras. Ele é naturalmente expansivo. Enche cada espaço com a sua essência invisível. O local onde o leitor se encontra neste momento está cheio de ar, distribuído uniformemente pelo espaço. O ar enche um balão e fá-lo expandir-se, tal como enche o nosso peito e cria uma expansão no Templo

Interno. O ar nutre todas as partes do nosso corpo, uma vez que o coração bombeia oxigénio para dentro de todas as células. O ar não tem limites nem fronteiras, não conseguimos determinar onde ele começa nem onde acaba. Encher o peito de ar gera amplitude dentro do corpo, uma abertura a um vazio subtil que permite que o nosso ser se expanda.

Para darmos ao coração espaço para ele se expandir, é necessário criarmos tempo e espaço para nós próprios. Neste momento, estou a escrever este livro numa ilha remota ao largo da costa ocidental do Canadá, onde me encontro num retiro de escrita. Ao meditar na quietude silenciosa desta estância à beira-mar, apercebo-me da agitação da minha vida quotidiana, pois estou constantemente a passar de uma coisa para outra. Ao abrir-me a esta quietude, sentindo a respiração a fluir suavemente para dentro e para fora de mim, sou relembrada do pouco tempo que reservo para o vazio, para simplesmente ser, para me serenar e receber o domínio do amor universal.

Falámos sobre a necessidade de espaço para respirar. O chacra cardíaco também precisa de uma certa amplitude para se abrir à expansão do amor, à presença da paz, e para a energia que sobe abrir caminho até aos chacras superiores.

Interpretar o símbolo do quarto chacra

O símbolo do chacra cardíaco é uma flor de lótus de doze pétalas que contém dois triângulos em interseção, formando uma estrela de seis pontas. Estes triângulos simbolizam a interpenetração da matéria e do espírito, com o de baixo a dirigir-se para o de cima e o de cima a dirigir-se para o de baixo: a matéria e o espírito em perfeito equilíbrio. Muitos conhecem a estrela de seis pontas como a Estrela de David, um símbolo amplamente utilizado na fé judaica. Já poucos sabem que estes triângulos interligados também representam o Casamento Sagrado, o equilíbrio e a integração do masculino e do feminino, do Deus e da Deusa, do interior e do exterior.

Dentro da estrela, encontra-se o som seminal do chacra cardíaco, que é *Yam*.

O seu animal é um antílope, uma criatura dócil com chifres que corre na natureza com delicadeza e graciosidade.

As doze pétalas de lótus do chacra cardíaco podem ter uma série de associações: os doze signos do zodíaco, o dobro das seis pétalas do segundo chacra ou o dobro das seis pontas da estrela.

Mesmo por baixo do coração existe um pequeno subchacra, chamado Lótus *Anandakanda*, que contém a Árvore Celestial dos Desejos. Crê-se que quando desejamos a partir dos mais profundos desejos do nosso coração, esta árvore concede ainda *mais* do que aquilo que é desejado. Por isso, atenção ao que deseja![2]

O deus hindu com cabeça de macaco, Hanuman, é muitas vezes retratado abrindo o seu chacra cardíaco para revelar o deus e a deusa, Ram e Sita, entrelaçando-se dentro dele. Reza a história que Hanuman ensinava que Ram e Sita habitavam em tudo, mesmo no seu colar de pérolas. As pessoas à sua volta diziam que isso era ridículo, por isso Hanuman rasgou o seu peito para revelar os amantes que lá se encontravam. Por vezes, temos de rasgar uma abertura no nosso peito para sentirmos o poder bruto do amor.

---

[2] Para obter uma meditação sobre a Árvore Celestial dos Desejos, consulte o *site* www.creatingonpurpose.net ou o livro *Creating on Purpose* (Criar Propositadamente), de Anodea Judith e Lion Goodman, Sounds True, Boulder, Co, 2012.

Abrir o coração

*Permite que as coisas venham e vão; mantém
o teu coração aberto como o céu.*
Lao-Tsé

Aonde quer que eu vá, parece que as pessoas querem aprender a abrir o seu coração. Se o amor é a nossa maneira de estar natural, porque é tão difícil abrirmos o nosso coração?

Linda, uma mulher pouco faladora na casa dos quarenta anos de idade, é um caso ilustrativo disto. Quando veio ter comigo, sentia-se desconectada do seu coração e da sua alma. Queixava-se de se sentir cansada, sem energia e um pouco desorientada. Enquanto eu ouvia as suas palavras, também observava a sua respiração. Reparei que as suas inspirações eram curtas e rápidas e que, após cada expiração, ela esperava aquilo que parecia uma eternidade, um ou dois segundos, até inspirar novamente. Não era de admirar que se sentisse vazia! O seu peito e a sua barriga estavam retraídos contra o sofá e os ombros pendiam, o que dificultava ainda mais o inspirar profundamente.

Depois de conhecer o historial de Linda, não fiquei surpreendida. Tinham-lhe dado pouco amor em criança, por isso ela não conseguia extrair grande coisa do seu meio envolvente. O seu padrão de respiração equivalia assim à experiência de solidão e isolamento que tivera na infância. E esse padrão respiratório estava agora a criar a mesma experiência na vida adulta.

Encorajei-a a encostar o cóccix ao assento, a sentar-se direita e a levantar o peito, pondo os ombros para trás e para baixo. Fizemos alguns alongamentos para lhe abrir o peito (*ver o exercício em baixo*) e ela começou a animar-se, como se ficasse mais presente na sala. Sugeri então que reparasse no seu padrão respiratório natural e em como se mantinha vazia de ar durante mais tempo do que cheia. Ajudei-a a explorar as origens desse padrão, para que conseguisse libertar quaisquer emoções associadas a ele, em especial as de tristeza, o demónio do chacra cardíaco.

Depois de se libertar um pouco através do choro, a sua respiração começou naturalmente a mudar. Inspirou espontaneamente, não como algo forçado, mas porque a tristeza que estava a ocupar espaço dentro do seu coração tinha sido transportada para fora e libertada. Pedi-lhe para suster um pouco o ar após inspirar, para ver como se sentia. Ao expirar, disse-lhe para inspirar mais cedo do que fizera anteriormente, sentindo o ar como uma imensidão de amor com infinita compaixão e como uma fonte de nutrição.

Vi-a transformar-se a cada inspiração. O seu peito e o seu rosto suavizaram-se e ela sentia que estava a prover-se a si mesma com aquilo de que necessitava, em vez de tentar obtê-lo do exterior. Embora tivesse demorado algumas semanas de prática até este novo padrão respiratório se tornar um hábito, ela estava no bom caminho para uma nova experiência do seu coração.

Exercício: Abrir o peito

O chacra cardíaco está posicionado bem no centro do peito, embora o órgão do coração em si esteja ligeiramente mais para a esquerda. Abrir o peito cria mais espaço para a respiração, o que cria ao mesmo tempo mais energia, mais amor e mais vitalidade.

❖ Fique de pé com os pés à largura das ancas, fletindo e endireitando os joelhos algumas vezes para fixar o seu enraizamento.

❖ Ponha as mãos sobre o seu coração e tente sentir o seu batimento cardíaco. (Se não conseguir, pode pôr os dedos em cima da artéria carótida, mesmo por baixo das orelhas, em qualquer um dos lados do pescoço; *veja abaixo*.)

❖ Encha o peito de ar, reparando se é preciso algum esforço para inspirar profundamente ou se o faz com naturalidade, ou ainda se tende a reter um pouco o ar e a não o libertar completamente. Limite-se a tomar consciência do seu padrão respiratório durante algumas respirações, sem fazer nada para o alterar.

❖ A seguir, entrelace os dedos atrás das costas. Enrole os ombros para trás e estique os cotovelos, reparando como este movimento levanta o seu peito e o puxa para a frente. (Se lhe for difícil executar este movimento devido a alguma tensão nos ombros, pode colocar uma correia ou um pano entre as mãos para aumentar a distância e facilitar o movimento.)

❖ Ao levantar o peito, faça um pouco de força para afastar os pulsos da coluna e incline ligeiramente a cabeça para trás, esticando o pescoço. Repare como isso abre ainda mais o seu peito.

❖ Inspire profundamente para dentro do espaço que está a criar. Abra bem a boca para soltar o ar.

❖ O próximo passo é começar a inclinar-se para a frente da cintura para cima, alongando a coluna e mantendo o peito aberto, as mãos entrelaçadas e os cotovelos esticados.

❖ Enquanto se inclina para a frente, solte completamente a parte de cima do corpo, deixando as mãos cair naturalmente para longe da coluna com a gravidade.

❖ Movimente a cabeça de um lado para o outro, certificando-se de que o seu pescoço está solto, e permaneça dobrado nesta posição durante alguns ciclos respiratórios.

❖ Para se erguer novamente, levante a cabeça e ponha o peito para a frente, longe das ancas.

❖ Levante-se lentamente até ficar direito. Erga novamente o peito e depois solte as mãos para os lados.

❖ Fique de pé numa posição natural e tente perceber se já tem um pouco mais de espaço para respirar e se o seu corpo se sente mais expansivo.

Exercício: Círculos com os braços

Soltar os ombros é bom para expandir o coração.

❖ Fique de pé com os pés à largura das ancas, firmemente enraizado.

❖ Erga os braços na horizontal, em forma de «T», com as palmas das mãos viradas para baixo.

❖ Estique as pontas dos dedos das mãos para cima e empurre para fora com a parte inferior das palmas das mãos, expandindo a sua energia que vem do coração e que desce pelos braços até ao contorno dos dedos.

❖ Em seguida, descontraia as palmas das mãos e comece a desenhar círculos com os braços, para a frente, para cima e para trás. (A favor dos ponteiros do relógio do lado direito e ao contrário dos ponteiros do relógio do lado esquerdo.) Comece com círculos muito pequenos e vá alargando-os gradualmente até ficarem o maior possível. Certifique-se de que está a respirar enquanto faz estes movimentos, idealmente inspirando ao levantar os braços e expirando ao baixá-los.

❖ Inverta a direção e comece a desenhar círculos ligeiramente mais pequenos, e depois cada vez mais pequenos, até os seus braços ficarem novamente em «T».

Exercício: Respirar a alegria

Este exercício é divertido de fazer, pois põe a energia em movimento com facilidade e sem esforço, descontrai o tronco e energiza o coração. Implica três inspirações seguidas e uma expiração prolongada.

❖ Posicione-se de pé, com os pés pelo menos à largura das ancas e os joelhos ligeiramente fletidos. Inspire e levante os braços para a frente, inspire novamente e baixe-os ao lado do corpo, e depois inspire e levante-os para cima da cabeça.

❖ Em seguida, expire todo o ar, enquanto faz um movimento com os braços para baixo e para trás, inclinando o tronco para a frente ao mesmo tempo.

❖ Inspire ao voltar à posição ereta e repita as três inspirações e os movimentos dos braços para a frente, para os lados e para cima, expirando novamente ao descer os braços e ao inclinar-se para a frente.

❖ Repita várias vezes e depois deixe-se ficar um pouco de olhos fechados para sentir os efeitos.

Fase de desenvolvimento do quarto chacra

O Nathan, a criança que já conhecemos de um episódio anterior, estava finalmente a sair da sua fase de terceiro chacra. Desenvolvera uma consciência do seu poder e autonomia e estava preparado para entrar no mundo social dos relacionamentos. Não é que ele não quisesse ou não respondesse ao amor desde bebé, mas até ganhar o controlo sobre os seus impulsos, não podia fazer muito em relação à sua personalidade. Agora, ganhara já o autocontrolo suficiente para moldar o seu comportamento da forma mais adequada para lhe trazer amor, atenção e aprovação.

Isto acontece na família, na escola e na vizinhança. Em algumas famílias, a criança tem agora irmãos ou irmãs mais novos, ou talvez já tenha idade suficiente para brincar com irmãs e irmãos mais velhos. O Nathan começava agora a brincar com as crianças da sua vizinhança e estava pronto para ir para a escola. Quando as crianças entram neste domínio incerto das interações sociais, torna-se muito importante para perceberem que os outros gostam delas e para se sentirem incluídas pelos colegas de turma e professores.

O que é que uma criança faz para obter a aprovação dos outros nesta fase? Uma criança pode aprender que estar sossegada é uma forma de obter amor. Outra criança pode aprender que isso vem de ser inteligente, engraçada, prestável ou boa no desporto. Uma menina pode aprender a ser fofinha, um menino a ser forte e masculino, recebendo esses estímulos das pessoas da família, da televisão e do meio onde vivem.

Tudo isto está certo, só que muitas vezes as partes mais complicadas da criança são reprimidas ao longo deste processo. Uma criança pode aprender que a sua parte carente é motivo de vergonha e reprimir essas necessidades para o resto da sua vida. Outra criança pode aprender que é rejeitada se for muito barulhenta ou se falar demais, e por isso aprende a ficar quieta e a ser contida. Uma menina pode aprender que tem de ser bonita, tornando-se depois insegura se não se sentir bem com a sua aparência ou com o seu corpo. Um menino pode sentir que tem de se comportar como um homenzinho e reprimir os seus sentimentos de tristeza ou de insegurança.

Quando perdemos uma parte de nós próprios, ou o amor de alguém importante, sentimo-nos tristes. A tristeza é o demónio do chacra cardíaco. Ele é pesado e cai no chacra do coração como uma pedra, ao passo que a energia do ar é leve e alegre. No entanto, à semelhança de todos os demónios, o nosso coração pode ficar mais leve, como o céu após uma tempestade.

Para combater a tristeza, o trabalho adulto do chacra cardíaco tem como objetivo resgatar partes perdidas de nós próprios e integrá-las no nosso coração. Eis um pequeno exercício para conseguir fazer precisamente isso:

Exercício: Resgatar uma parte perdida de si

Este exercício levanta uma série de questões introspetivas. Ele pode ser feito com um amigo ou com um terapeuta, mas se não tiver ninguém disponível, também pode apontar as respostas num caderno. Enquanto estiver a escrever ou a falar, dê tempo a si próprio para realmente *sentir* o processo. As respostas intelectuais a estas perguntas não são o mais importante, mas sim o trabalho interior que é desencadeado por estas interrogações.

❖ Do que é que gosta mais em si próprio? (Ajuda sempre começar por dar valor a algo de positivo.) Quais são as suas sensações físicas quando valoriza essa parte de si mesmo?

❖ O que considera mais difícil de gostar em si próprio? Em que é que se critica ou de que é que tem vergonha? Repare nas sensações do seu corpo quando se foca nessa parte de si mesmo.

❖ Quando é que desenvolveu essa característica? Com que idade? Faça uma retrospetiva da sua vida e mencione as circunstâncias que o afetavam nessa altura.
   Eis alguns exemplos:
   • Eu era filho único e de repente tive um irmão mais novo.
   • Eu fui responsável pela minha família desde muito novo.
   • Eu tinha um pai violento que me magoava e do qual eu tinha medo.

- A minha família mudava-se constantemente e eu tinha de começar sempre de novo numa nova escola e fazer novos amigos.
- A minha mãe não era afetuosa e zangava-se muito com os filhos.

❖ Analise a característica de que não gosta à luz destas circunstâncias. Imagine que pode falar com essa parte de si mesmo, dizendo algo do género: «Agora eu compreendo porque é que estás aqui e o que estás a tentar fazer.»

❖ Perdoe a essa parte de si próprio e agradeça-lhe por tentar tratar de si.

❖ Após esse perdão, abra um lugar dentro do seu chacra cardíaco para essa parte de si mesmo. Pode imaginar uma cadeira ou uma almofada especial onde ela se pode sentar. Pode vê-la como um menino ou uma menina com três ou cinco anos de idade. Imagine que existe um lugar sagrado dentro do seu coração precisamente para essa criança.

❖ Preste atenção às sensações que isto produz no seu corpo e ancore essas sensações, enraizando-se no seu corpo. Se assim desejar, escolha outra característica que critique em si próprio.

❖ Um BÓNUS! Depois de fazer isto consigo próprio, pode fazê-lo com outra pessoa. Se ela tiver uma característica que o leitor considera complicada, pergunte-lhe como e porque é que essa característica se desenvolveu. Depois de compreender a história dela, pode ser mais fácil para si perdoar-lhe por ter essa característica. E estranhamente, com esse perdão, essa característica pode até tornar-se menos presente!

Excesso e défice no quarto chacra

É difícil imaginar termos demasiado amor dentro do nosso coração, por isso a questão do excesso e do défice neste chacra é um pouco complexa. O que é importante relembrar é que ambos os estados são resultado das defesas colocadas à volta de uma ferida passada. Um chacra em défice resulta de evitarmos alguma coisa, e um chacra em excesso resulta da compensação de alguma coisa, é fazer demasiado.

No chacra cardíaco, a resposta deficitária é bastante óbvia, como no caso de Charles. A mulher trouxe-o à minha consulta, queixando-se de que ele evitava a intimidade e o vínculo, algo que ela queria que acontecesse mais. Depois de aprofundar um pouco o historial de Charles, percebi que era bastante intro-vertido. Durante a maior parte da sua vida, evitara os relacio-namentos, preferindo focar-se no seu trabalho, que tinha um cariz intelectual e de grande exigência. Ele descrevia-se como uma pessoa solitária que sempre se distanciara do meio social e para quem nunca fora fácil cultivar amizades, especialmente mais íntimas. Basicamente, ele era apenas tímido e nunca se sentira à vontade nem confortável para criar relacionamentos.

Charles amava muito a esposa, mas simplesmente não fazia parte da sua natureza dar-lhe a intimidade que ela desejava. Porém, ele era uma pessoa muito compassiva, ao contrário de algumas pessoas que têm o chacra cardíaco fechado e que podem possuir um grande espírito crítico, rejeitar os outros ou ter um coração «duro». Para ele, os relacionamentos eram uma área onde se sentia desagradavelmente embaraçado, no entanto fazia o melhor que conseguia. Mas era compreensível que preferisse manter o seu foco no seu trabalho académico, onde conseguia atingir a excelência e obter reconhecimento.

Sandra, a sua mulher, encontrava-se mais no lado excessivo do chacra cardíaco. Tinha medo de estar sozinha e via a sua identidade no reflexo dos outros. Muitas vezes, dava demasiado, com o interesse velado de receber aprovação. Tinha uma vida social agitada, sempre a correr de um lado para o outro para se encontrar ou reunir com amigos. Envolvia-se muito na vida dos filhos (por vezes, ao ponto de se intrometer) e sentia-se constantemente rejeitada devido à dificuldade de o marido se relacionar.

É frequente os relacionamentos revelarem opostos, como no caso deste casal. Na realidade, é a combinação perfeita para cada um deles crescer em direção ao outro. Aqui, para Charles aprender a ligar-se mais aos outros e a criar intimidade, e para Sandra se tornar mais autoconfiante. Contudo, embora se situassem em polos opostos, estavam presos num ciclo vicioso. Quanto mais Sandra tentava captar a atenção de Charles, mais ele se refugiava no seu trabalho. E quanto mais ele o fazia, mais ela tentava compensar essa carência com a sua vida social.

Ao trabalharmos em conjunto durante alguns meses, Charles começou a aprender a linguagem dos relacionamentos e a ser mais capaz de exprimir os seus sentimentos, ao passo que Sandra aprendeu a interpretar o comportamento dele apenas como um padrão no qual ele estava a trabalhar, e não como um reflexo do seu amor por ela.

Características de excesso e de défice no quarto chacra

Características de excesso	Características de défice	Características de equilíbrio
Necessidade de atenção e aprovação	Crítica, intolerância	Empatia, serenidade
Agarrar-se aos outros	Isolado, retraído	Autoaceitação
Agradar aos outros	Insensível	Afetuoso, compassivo
Pouca definição de limites	Demasiadas barreiras	Generoso
Dependência dos outros	Medo da intimidade	Compreensivo

Outras ações para abrir o coração

> *O amor e a compaixão são necessidades, não luxos. Sem eles,*
> *a humanidade não pode sobreviver.*
> DALAI LAMA

Todos nascemos com o desejo e a necessidade de amor, mas não nascemos sabendo como o criar. Isso tem de ser aprendido, e talvez todas as nossas experiências possam ser vistas como ensinamentos acerca do amor. Esta é porventura a aprendizagem mais importante da época que vivemos, ao fazermos a transição de uma sociedade amplamente baseada no terceiro chacra para uma sociedade organizada com base nos princípios do coração.[3]

A essência de um relacionamento é a capacidade de nos relacionarmos através da ligação do que está dentro de nós ao que está dentro de outra pessoa. Esta é a base da intimidade, que primeiro requer que nos conheçamos a nós próprios e que nos amemos o suficiente para nos sentirmos seguros em relação à nossa própria vulnerabilidade. Se nos amarmos, somos menos dependentes daquilo que os outros pensam de nós, o que deixa mais espaço para sermos autênticos, íntimos e empáticos.

Não é só o trabalho com o corpo que abre o coração, mas também as ações da nossa vida quotidiana. A generosidade, a compaixão, o afeto e o perdão têm a capacidade de criar a abertura do coração. O resultado destas ações é a alegria, a libertação e a paz.

❖ Em que é que pensa que pode ser mais generoso para com aqueles à sua volta (ou até para consigo próprio)? Essa generosidade pode refletir-se no tempo, na energia ou na tolerância dedicada, amenizando a sua postura em relação aos outros.

❖ Em que é que pode ser mais compassivo para com aqueles à sua volta (ou até para consigo próprio)? Consegue perdoar os pontos fracos dos outros, sabendo que também tem os seus?

❖ Em que é que pode demonstrar mais afeto?

---

[3] Para mais informações acerca deste conceito, consulte Anodea Judith, *The Global Heart Awakens: Humanity's Rite of Passage from the Love of Power to the Power of Love*, Shift Books, San Rafael, CA, 2013.

Quesada Gardens, São Francisco

Nunca se sabe quando é que uma pequena ação altruísta se vai repercutir no mundo e gerar a mudança. Em 2002, Jeffrey Betcher, um homem caucasiano homossexual, decidiu mudar-se para uma zona de São Francisco predominantemente habitada por pessoas de raça negra e com uma elevada taxa de criminalidade e tráfico de droga. Ele acabou por questionar a sua sanidade mental, pois diariamente havia nas ruas dezenas de carros envolvidos no tráfico de droga e ninguém se sentia seguro.

O separador central da estrada em frente a sua casa estava atulhado de peças de carros, frigoríficos avariados e seringas usadas, mas um dia ele chegou a casa e viu que os vizinhos, Annette Smith e Karl Paige, tinham plantado flores no separador central. Jeffrey decidiu retribuir o gesto, plantando também ele algumas flores.

Isto deu origem a uma série de acontecimentos maravilhosos. Um ano depois, toda a comunidade tinha substituído as ervas daninhas e o lixo habitual por árvores de fruto, arbustos, legumes e flores. Os vizinhos tratavam das plantações em conjunto, travando conhecimento uns com os outros e orgulhando-se do sítio onde viviam. Os índices de criminalidade e de toxicodependência desceram, e uma comunidade viável ocupou o seu lugar.

Na altura em que estou a escrever isto, a *Quesada Gardens Initiative* tem seis jardins comunitários, dois murais e um organismo responsável por levar este modelo para fora do seio da comunidade.

Exercício: Dar e receber

Nunca sabemos quais vão ser os resultados a longo prazo de dar sem expectativa de um retorno. Aqui fica um exercício simples para que se aperceba da alegria que obtemos ao servir os outros e da alegria que podemos dar aos outros quando lhes permitimos que nos sirvam.

❖ Escolha uma pessoa que conheça informalmente, como um vizinho, um amigo ou um colega de trabalho, e pense em alguma coisa de especial que pode fazer por ela. Deixe que a sua imaginação e criatividade assumam o comando. O que seria um gesto simpático? Pode, por exemplo, fazer um bolo para lhe oferecer, cortar-lhe a relva ou oferecer-se para lhe levar os filhos ao cinema. Se for um colega de trabalho, pode simplesmente deixar-lhe um ramo de flores com um cartão em cima da secretária, oferecer-lhe um almoço ou comprar-lhe um pequeno presente. Se estiver numa loja enquanto alguém arruma as suas compras, simplesmente elogie a pessoa pelo seu sorriso ou pela sua roupa, ou valorize o trabalho que ela está a fazer por si. Se estiver numa portagem, pague a maquia do carro atrás do seu. Faça-o sem esperar nada de volta, e se quiser realmente subir a parada, faça a sua dádiva anonimamente.

❖ Tome consciência daquilo que sente ao ver ou ao imaginar a pessoa a descobrir a sua dádiva. Imagine que ela quer «retribuir na mesma moeda», o que aqui significa que se sente inspirada a fazer algo semelhante por outra pessoa, em vez de precisar de lhe retribuir a si.

❖ Em seguida, pense em alguma coisa que outra pessoa possa fazer por si. Talvez precise de aconselhamento para um projeto, de ajuda com os filhos ou de um vizinho que o ajude a plantar uma horta ou um jardim na localidade. Aprenda a pedir ajuda e repare como se sente quando a recebe. Ao permitir que os outros lhe deem alguma coisa está a fazer-lhes uma dádiva.

PONTOS IMPORTANTES A RELEMBRAR

❖ O chacra cardíaco fica no centro do sistema de chacras e representa o equilíbrio e a integração das polaridades de cima e baixo, mente e corpo, céu e Terra, masculino e feminino.

❖ O chacra cardíaco está relacionado com o elemento ar e podemos aceder a ele através da respiração.

❖ Abrir o peito cria mais espaço para a respiração, o que por sua vez gera amplitude no corpo.

❖ Uma criança chega ao chacra do coração quando domina o controlo dos impulsos e começa a socializar.

❖ Desenvolvemos uma identidade social que é concebida para gerar aprovação e aceitação por parte dos outros. Aceitarmo-nos retira esse fardo dos outros e permite-nos ser autênticos e vulneráveis.

❖ Abrimos o coração através de ações altruístas de generosidade, compaixão e perdão.

❖ O resultado de um coração aberto é a alegria, a expansão e a ligação entre o mundo interior e o exterior.

QUINTO CHACRA

SOM

Se quiser descobrir os segredos do Universo,
pense em termos de energia, frequência e vibração.
NIKOLA TESLA

Localização:	Pescoço, ombros, maxilares
Nome e significado:	*Visuddha*, purificação
Propósitos:	Comunicação, harmonia
Elemento:	Som, éter
Princípio:	Verdade, ressonância, harmonia
Fase de desenvolvimento:	Dos 7 aos 12 anos de idade
Identidade:	Identidade criativa
Orientação:	Autoexpressão
Demónio:	Mentira
Direito:	A falar e a ser ouvido
Som seminal:	*Ham*
Cor:	Azul-claro
Forma equilibrada:	Verdadeiro, criativo, expressivo

O domínio da vibração

Seja bem-vindo ao domínio etérico do chacra da garganta! Aqui, sintonizamo-nos com o elemento do som, transportado pelo ar da nossa expiração. A nossa boca transforma a nossa expiração em palavras, guiada pelos nossos pensamentos e pela nossa vontade. Contudo, existem igualmente vibrações mais subtis que correm pelo nosso corpo, e mesmo por tudo o que é vivo, com a comunicação a acontecer em cada célula. O quinto chacra convida-nos a testemunhar este nível vibratório e a escutar atentamente os ritmos e os sons que expressam tudo o que existe dentro e fora de nós.

Do «Om» primordial no cerne da criação, a vibração propaga-se por toda a existência. Os cientistas chegaram à conclusão de que tudo vibra, mesmo ao nível das mais ínfimas partículas subatómicas que compõem as nossas células. Na realidade, é precisamente essa vibração rápida que faz o mundo parecer sólido, embora seja maioritariamente um espaço vazio.

Quando a consciência recebe as ondas vibratórias, ocorre a comunicação. O nosso corpo é um instrumento que está constantemente a vibrar com tudo o que recebe, dando forma ao nosso mundo, conectando e criando. Fazemos parte da grande sinfonia da criação com a nossa voz única, cantando a verdade do nosso coração.

Estas vibrações emanam do nosso ser para o campo vibratório à nossa volta, misturando-se com os campos vibratórios das outras pessoas e do meio envolvente. Tornam-se parte constituinte do nosso campo áurico, esse campo de energia subtil que envolve o nosso corpo. Sabia o leitor que este campo está em permanente vibração, emitindo a soma total de todas as vibrações que se encontram dentro de si? Experienciamos isto a um nível inconsciente sempre que encontramos alguém. Chegamos mesmo a dizer expressões como: «Senti-me mesmo ressonante com esta pessoa» ou «Não gostei da vibração dele».

Quando nos sentimos em ressonância com alguém, existe um desejo de continuarmos conectados a essa pessoa. Quando existe desarmonia, queremos afastar-nos dela, para podermos voltar a essa ressonância dentro de nós próprios. Os sítios barulhentos, cheios de ruído do trânsito, de telefones a tocar, de pessoas a gritar ou até do barulho dos aviões, são cansativos para o corpo. Uma das razões pelas quais necessitamos de silêncio e de dormir é para regressarmos à nossa ressonância interna, o que acontece espontaneamente quando deixamos de ser bombardeados por sons invasivos.

O propósito do quinto chacra é descobrirmos esta ressonância interna entre todas as vibrações subtis que existem dentro do nosso corpo, vivermos em harmonia com os
outros e conhecermos, darmos voz e vivenciarmos a nossa
verdade.

Interpretar o símbolo do quinto chacra

O símbolo do chacra da garganta é uma flor de lótus com
dezasseis pétalas que contém um triângulo invertido, o *Trikuna*
da deusa Shakti, que continua a subir e a adentrar no espírito. As dezasseis pétalas representam as dezasseis vogais do
alfabeto sânscrito. (O resto do alfabeto está nos símbolos dos
outros chacras, exceto no da coroa.) Diz-se que as vogais são a
expressão do espírito, ao passo que as consoantes são a forma
que o espírito assume na matéria. Então, o chacra da garganta
é a porta de entrada para o espírito puro. Tal como o pescoço

liga a cabeça ao corpo, o domínio do som transmite o espírito para a matéria.

O animal é o elefante *Airavata*, por vezes retratado com sete trombas, uma para cada chacra.

O som seminal é *Ham*. Falaremos mais aprofundadamente sobre os sons seminais numa parte posterior deste capítulo.

A natureza purificadora do som

> *Há três coisas que não conseguem permanecer escondidas por muito tempo: o Sol, a Lua e a Verdade.*
> BUDA

O elemento do quinto chacra é o *som*, e este chacra está relacionado com a comunicação, a audição, a aprendizagem, a criatividade e a autoexpressão. Quando comunicamos, estamos a fazer vibrar a nossa expiração através de palavras que têm um significado, conectando a nossa consciência interna à perceção do outro através da informação. A comunicação dá azo à conexão e possibilita à consciência dissolver as suas fronteiras e ser partilhada por muitos.

As vibrações do som têm um efeito subtil sobre a matéria e um efeito profundo sobre o espírito. Evelyn Glennie, uma percussionista britânica surda que compõe e conduz sinfonias inteiras, afirma que «ouve» o som sentindo as vibrações através do seu corpo. Ela costuma tocar descalça para sentir as vibrações vindas do chão e acompanhar assim a cadência do resto da orquestra. Tem vários álbuns gravados e é inspirador ouvi-la em concerto. Ela até canta!

O nome do chacra da garganta, *Visuddha*, significa «purificação». Os sons coerentes que são harmoniosos e ressonantes têm um efeito purificador sobre a matéria. Quando o som é emitido de forma a fazer vibrar um disco de metal plano com sal, as vibrações transformam os cristais de sal em padrões semelhantes a mandalas. Se alterarmos o som, a forma das mandalas também muda, mas com qualquer som puro, elas ficam sempre ordenadas e centradas. Da mesma forma, o som produz um efeito sobre os nossos corpos, e investigações recentes exploram o potencial das ondas de som para curar doenças e restaurar a vitalidade.

De modo semelhante, dizermos a nossa verdade, embora possa ser complicado a curto prazo, tem um efeito purificador sobre tudo. A verdade tem um campo com o qual conseguimos ressoar, é algo que conseguimos sentir de forma palpável. Mesmo quando a verdade é difícil, ela serve para nos libertar a longo prazo. Na corrente da libertação, que vai subindo pelos chacras, a verdade liberta-nos.

As pessoas adoram ter comunicação que ressoa com elas. Essa é a razão pela qual se reúnem multidões para ouvir oradores falar sobre coisas em que elas acreditam, pela qual os políticos conseguem gerar movimentos através de discursos apaixonantes e pela qual o público vibra quando uma banda toca aquele clássico que todos conhecem. A ressonância traz harmonia a todas as nossas vibrações subtis e ajuda-nos a sentir mais plenos e conectados.

E, por último, a ideia da purificação através do chacra da garganta diz que nos devemos purificar para aceder aos reinos transcendentes dos chacras superiores. À medida que a energia percorre os chacras, dos mais materiais aos mais subtis nós vamos refinando as nossas vibrações a cada chacra. O chacra da garganta, a parte mais estreita do corpo no nosso eixo central, torna as vibrações cada vez mais subtis, preparando a mente para o silêncio que nos leva à consciência que transcende a dualidade no sexto e sétimo chacras. Aprofundaremos este assunto mais à frente!

Afinar o nosso instrumento

> *Todas as verdades são fáceis de compreender assim*
> *que são descobertas; a questão é descobri-las.*
> GALILEU GALILEI

Começámos este livro com um exercício simples para ajudar a alinhar os nossos chacras. Lembre-se de que pode pensar neles como pedras preciosas ao longo de um colar de energia luminescente que flui entre o céu e a Terra, o cordão interior da nossa alma. Quando esticamos esse cordão, estamos a afiná-lo, tal como afinamos a corda de uma guitarra esticando-a entre dois pontos. Se ela for ajustada na tensão adequada, emite um som bonito. Se estiver demasiado lassa ou demasiado esticada, não vai vibrar na sua verdadeira frequência e o som sairá demasiado agudo ou grave.

A vida irá certamente tocar essa corda. E quando o fizer, a corda vibrará com o impacto. Em circunstâncias naturais, essa vibração irá prolongar-se até a força do impacto ser anulada, geralmente durante alguns momentos. Se a corda for tocada com mais força, o som será mais alto e a vibração durará mais tempo. Se for tocada com pouca força, o som será quase inaudível e a vibração durará apenas alguns segundos.

Quando a vida «toca a nossa guitarra» com alguma coisa que causa um impacto na nossa alma, naturalmente queremos falar sobre isso, chorar por causa disso ou até escrever poesia. Se uma pessoa nos der um encontrão na rua, talvez digamos «Au!» Se um acontecimento no trabalho nos afetar durante o dia, podemos querer descarregar essa energia quando chegamos a casa e contar a um amigo à noite: «Nem imaginas o que me aconteceu hoje!» ou descarregá-la passivamente espairecendo com outra conversa, vendo televisão ou lendo um livro.

Há pouco tempo, enquanto viajava, vi que uma zona na Califórnia perto do sítio onde moro estava a ser devastada pelas chamas, incluindo Harbin Hot Springs, um centro espiritual que serve toda a área da Baía de São Francisco e que frequentei durante muitos anos. Senti-me triste e tomei consciência de que precisava de falar sobre isso com alguém que estivesse disposto a ouvir-me, embora eu estivesse longe de casa e não houvesse ninguém à minha volta que conhecesse a zona sobre a qual pretendia falar. Mas ser capaz de falar sobre isso ajudou-me a lidar com a sensação de perda e devastação.

O ato de exprimirmos aquilo que nos afeta é natural e normal. Quando o fazemos, isso deixa-nos num estado de equilíbrio. Porém, nem sempre é possível exprimirmos a nossa verdade. Por vezes, não temos com quem falar. Outras vezes, como costuma acontecer com as crianças, não acreditam em nós ou não nos dão ouvidos. Podemos até ser ridicularizados por causa do que estamos a dizer. Se estivermos no trabalho, pode não ser viável partilharmos os nossos sentimentos e temos de conter essa vibração interna que quer sair.

Todo o nosso corpo é um instrumento que o Divino está constantemente a tocar. Bloquear a sua vibração natural quebra a vida que há dentro de nós e bloqueia o nosso chacra da garganta. Quando não conseguimos dar voz à nossa verdade, essa vibração fica armazenada no nosso corpo e, com o tempo, esse corpo torna-se denso, carregado ou rígido, de certa forma «congelado». Os tecidos rígidos não vibram com muita facilidade e perdemos a ressonância com o nosso próprio ser. Com o tempo, a ressonância natural das nossas vibrações subtis fica em «desarmonia» ou doença.

É preciso um esforço considerável para impedir um impacto vibratório significativo de ser expressado. É como se tivéssemos de pôr um guarda de sentinela à entrada do nosso chacra da garganta para impedir que o que está lá dentro saia. Infelizmente, esse guarda não é muito inteligente. Ele não consegue distinguir o que podemos ou não exprimir. Ele verifica tudo o que é transmitido, mesmo a nossa criatividade, a nossa autoexpressão natural e a força da nossa voz. Muito à semelhança do que acontece no controlo de segurança do aeroporto, isto atrasa tudo e torna-se mais difícil comunicarmos. É algo que nos impede de estar em ressonância com o mundo à nossa volta.

O demónio deste chacra é a mentira, o oposto da verdade. Sempre que não estamos a exprimir totalmente a nossa verdade, estamos a viver um pouco uma mentira. E lembre-se, podemos mentir com as nossas palavras aos outros, mas também podemos mentir a nós próprios, mentir através das nossas ações, do nosso corpo ou das nossas expressões faciais. Na infância, podem ter-nos dito muitas mentiras ou podemos ter feito parte de uma família que vivia uma mentira. Este demónio pode assumir muitas formas, mas o seu antídoto é o mesmo que abre o nosso chacra da garganta: verbalizarmos a nossa verdade, ouvirmos os outros quando eles verbalizam a deles e vivermos em harmonia com as verdades maiores. Isto vai aumentar a nossa criatividade e permitir-nos estar mais presentes nas nossas conversas com os outros.

Exercício: Descobrir a sua canção de capacitação

Se observar crianças pequenas a brincar livremente, verá que elas adoram movimentar-se e fazer barulho ao mesmo tempo. Podem balouçar-se para a frente e para trás de uma perna para a outra e cantarolar ou repetir uma frase num tom monótono. Se escutar com atenção, conseguirá reparar que há uma espécie de ritmo nela e que o corpo e o som estão perfeitamente coordenados. Neste exercício, convido-o a estar recetivo a esta liberdade brincalhona para descobrir a sua canção de capacitação.

❖ Encontre um sítio onde possa movimentar-se à vontade e fazer barulho sem se sentir ridículo. Pode ser a sua sala de estar, por exemplo, mas tem de haver espaço suficiente para poder caminhar de um lado para o outro, senão talvez consiga descobrir um sítio num parque ou numa praia onde possa estar sozinho. (Uma alternativa é fazer este exercício com outras pessoas, para ninguém se sentir tolo.)

❖ Comece a andar e permita que saiam da sua boca sons aleatórios que acompanhem o ritmo da sua passada. Pode ser qualquer tipo de som: um cantarolar rítmico, palavras sem nexo, até frases que surjam na sua mente, talvez sons como «bo-im-oh-uip, bo-im-oh-uip» ou «in di baba, in di baba, oh, oh.» Claro que isto são apenas exemplos. Vai ter de encontrar os seus próprios sons!

❖ Quando se conseguir soltar um pouco e encontrar um ritmo, comece a andar com mais convicção e poder. Foque alguma da sua energia nas pernas e dê cada passo com convicção, numa passada rítmica e deixando o poder fluir por todo o seu corpo.

❖ Quando os seus passos começarem a expressar o seu poder, deixe os seus sons refletirem também esse poder. Pode mudar os sons que fez até aqui, mas tem de ser orgânico, sem esforço nem demasiado envolvimento da mente. Permita que seja espontâneo.

❖ Continue a caminhar com essa sensação de poder até os seus sons começarem a encontrar uma entoação e a ser repetidos: essa é a sua canção de capacitação. Deixe-a consolidar-se em algo simples de que se consiga lembrar e que possa repetir quando precisar.

❖ Depois de descobrir a sua canção de empoderamento, abrande a passada, mas continue a entoá-la e repare no que sente tanto no terceiro chacra como no chacra da garganta.

❖ Lembre-se desse som. Talvez até seja melhor apontá-lo. Da próxima vez que precisar de uma força extra, reveja mentalmente a sua canção de capacitação, ou melhor, faça uma caminhada de capacitação e cante-a!

Mantras

A palavra *mantra* significa «instrumento para a mente». Os mantras são sons abstratos repetidos vezes sem conta. São semelhantes aos *jingles* publicitários, e todos conhecemos a sensação de ficar com um *jingle* ou uma música que não nos sai da cabeça. A maior parte das pessoas considera isto irritante, mas os publicitários sabem bem como introduzir um pensamento no nosso cérebro para nos lembrarmos de comprar o produto que estão a vender.

Os mantras costumam ser usados para infundir um determinado som nas nossas ondas cerebrais e na nossa consciência.

São ferramentas para aquietar a mente e prepará-la para a meditação. Quando a mente se foca num único som que não tem qualquer significado em especial, ela para de correr de um lado para o outro da forma caótica habitual e torna-se focada.

Além disso, os mantras produzem uma vibração subtil que nos acorda de modo semelhante a um despertador pela manhã. São vibrações ténues concebidas para despertar os aspetos interiores das divindades, das virtudes ou dos chacras.

Nos textos antigos sobre os chacras, há um símbolo em sânscrito no centro do símbolo de cada chacra, representando o som que desperta a energia ou o elemento desse chacra em particular, chamado de «som seminal» ou mantra *bija*. (Já falámos brevemente sobre estes sons nas descrições dos símbolos de cada chacra.)

Os sons seminais estão listados abaixo e são seguidos de um exercício que exemplifica como podemos trabalhar com eles. Contudo, o chacra da garganta é o chacra da criatividade, por isso permita-se experimentar e descobrir o que mais se adequa a si. Até pode chegar à conclusão de que diferentes sons afetam os *seus* chacras, pois todos somos instrumentos diferentes, vivendo em corpos diferentes!

- ❖ Primeiro chacra: *Lam*
- ❖ Segundo chacra: *Vam*
- ❖ Terceiro chacra: *Ram*
- ❖ Quarto chacra: *Yam*
- ❖ Quinto chacra: *Ham*
- ❖ Sexto chacra: *Om*
- ❖ Sétimo chacra: *Silêncio*

Trabalhar com os mantras

Então, vamos ver especificamente como podemos usar estes sons para ativar os nossos chacras. Há várias formas:

❖ Podemos usar um som de cada vez, pronunciando mentalmente o mantra de um determinado chacra num estado meditativo para estabelecer um contacto mais profundo com essa parte de nós.

❖ Podemos verbalizar o som em voz alta, sozinhos ou com outras pessoas, o que o torna ainda mais poderoso.

❖ Podemos repetir os seis sons ritmicamente, um após o outro, mentalmente ou em voz alta.

❖ Podemos usar os sons para enviar energia de cura para diferentes partes do corpo.

❖ Podemos criar padrões com os sons, por exemplo trabalhando com dois ou três chacras ao mesmo tempo ou transmitindo energia de um chacra para outro.

Exercício: Entoar os mantras *bija*

❖ Sente-se de pernas cruzadas e comece a abrir a sua garganta ao som. Emita qualquer tipo de som que queira sair: sons altos, sons baixos, palavras, murmúrios.

❖ Agora, comece com o mantra do primeiro chacra: *Lam*. Comece por pronunciar apenas a consoante inicial e o som que ela produz, «le», e repare no que acontece no seu corpo quando a diz em voz alta. Depois, acrescente o resto da palavra e repita *Lam* durante pelo menos um minuto. (O que provavelmente dura mais tempo do que pensa!) Feche os olhos enquanto o faz e visualize o seu chacra de raiz na base da sua coluna a empurrar para baixo, para dentro da Terra.

❖ Em seguida, direcione a sua atenção para o segundo chacra. Comece por articular o som «ve» e sinta o efeito dele no seu corpo. Depois, acrescente o resto do som e repita *Vam* durante um minuto.

❖ Foque em seguida a sua atenção no terceiro chacra e experimente o som «rre» de *Ram*. Acrescente o resto da palavra e repita, como fez nos dois primeiros chacras. Repare no efeito.

❖ Mude a sua atenção para o quarto chacra, trabalhando com o som «i». Pense em interjeições que costumamos usar e que começam com este som, por exemplo: «Iupi!», «Iá!», «*Yes!*» Todas elas exprimem alegria! Repita o som *Yam* durante um minuto e imagine o seu quarto chacra a pulsar com o som.

❖ Desloque a sua atenção para o quinto chacra. Brinque com o som do «h» aspirado e sinta-o a passar pela sua garganta. Depois, articule toda a palavra *Ham* e repita-a durante um minuto.

❖ Em seguida, vá para o sexto chacra, no centro da cabeça, ao nível das sobrancelhas. Imagine luz a entrar neste chacra, enquanto entoa lentamente o som *Om*. Pronuncie o som completo, ou seja, *ah-oo-mm*, e repita-o durante um minuto.

❖ Agora que já fez os sons seminais dos primeiros seis chacras, sente-se em silêncio e foque-se no seu chacra da coroa. Não faça nenhum som, simplesmente oiça o seu corpo e repare nos efeitos desta prática.

Fase de desenvolvimento do quinto chacra

O Kenny, com dez anos de idade, não conseguia parar de falar. Desde que chegava da escola até ir para a cama, ele queria partilhar cada pormenor daquilo que estava a aprender, do que a professora dissera e do que todos os amigos tinham feito nesse dia. Os pais costumavam deixá-lo falar, mas intervinham pouco, acenando ocasionalmente com a cabeça ou dizendo «hum hum», não se envolvendo realmente na conversa nem fazendo perguntas. O Kenny queria conectar-se através da comunicação, e a sua verborreia constante era não só uma forma de obter atenção, mas também um tipo de comunicação que ajuda uma criança a organizar na sua mente o que está a experienciar. Quando essa comunicação acontece, geralmente as crianças acalmam e ficam mais sossegadas. Sem ela, podem não conseguir parar de falar, não se ouvindo sequer a elas próprias.

Quando uma criança se sente socializada e aceite pelas pessoas que a rodeiam, entra na fase de desenvolvimento do quinto chacra, uma fase de enorme aprendizagem e alargamento de horizontes. É natural as crianças quererem exprimir-se, pois ajuda-as a processar o que estão a aprender. Idealmente, as nossas escolas e famílias deviam cultivar essa curiosidade com uma boa comunicação que ajudasse as crianças a compreender o mundo que as rodeia e a descobrir a sua verdade interna. Grande parte dessa descoberta é feita através da comunicação. «O que estás a sentir agora?» «O que é que isso significa para ti?» «O que pensas sobre isso?» Fazer perguntas pode direcionar a consciência para o interior e ajudar essa consciência a aprender a expressar-se. É claro que é igualmente importante ouvir as crianças, compreendê-las, interessarmo-nos por aquilo que elas estão a dizer e validarmos a sua realidade.

Infelizmente, muitas famílias e muitos sistemas escolares não conseguem comunicar com as crianças desta maneira. A velha máxima de que as crianças devem é estar caladas e sossegadas demonstra que os adultos nem sempre se interessaram por aquilo que realmente se passa no íntimo dos mais pequenos. Embora se passe os primeiros anos a incentivar as crianças a conseguirem andar bem de pé e a falarem claramente, quando elas chegam à fase em que deviam estar a desenvolver o chacra da garganta, dizem-lhes para ficarem sentadas e caladas!

Termos de estar calados e sentados na escola numa idade em que devíamos estar lá fora no recreio a brincar e a fazer barulho ensina-nos a pôr de lado os nossos impulsos naturais para nos expressarmos e a conter a nossa energia em vez disso. Provavelmente, isso até é bom, caso contrário, em adultos, diríamos bruscamente tudo o que nos viesse à cabeça a qualquer instante. Porém, na maior parte dos casos, essa contenção é excessiva e aprendemos a bloquear o nosso quinto chacra.

Uma vez que esta fase de desenvolvimento também é aquela em que aprendemos muito sobre o mundo, através da discussão e do questionamento, dos livros, dos filmes, da Internet, do cinema e da escola, bloquear o quinto chacra pode dar origem a dificuldades de aprendizagem ou simplesmente desativar a curiosidade natural que mantém a nossa mente aberta.

Exercício: Comunicação no seio familiar

Apresento aqui algumas perguntas para o leitor analisar. Tire algum tempo para refletir sobre a verdade contida nelas, depois responda às mesmas por escrito. Para aprofundar mais, discuta estas questões com um irmão, uma irmã ou outro membro da família e compare observações sobre o vosso ambiente familiar na infância.

- ❖ Como era a comunicação na sua família? Era em grande parte constituída por berros e gritos? Por silêncio e distanciamento? Via os problemas a ser discutidos ou eram varridos para debaixo do tapete?
- ❖ Alguém lhe perguntava sobre os seus sentimentos e desafios e o ajudava a compreender como lidar com eles?
- ❖ Sentia-se seguro para dizer a sua verdade?
- ❖ Davam-lhe ouvidos quando tentava dizer o que pensava?
- ❖ Se pudesse exprimir o que lhe ia na alma na altura, o que diria e a quem? O que gostaria de ter ouvido como resposta?

Identidade criativa

> *A criatividade é permitirmo-nos cometer erros.*
> *A arte é saber que erros conservar.*
> SCOTT ADAMS

O Kenny está agora a desenvolver a sua *identidade criativa*, que é orientada para a *autoexpressão*. Se o desenvolvimento dos seus chacras inferiores tiver corrido bem, ele terá uma sensação de segurança (primeiro chacra), uma ligação às suas emoções (segundo chacra), autonomia e confiança (terceiro chacra) e autoaceitação (quarto chacra). Tendo estes chacras como base sólida, ele sentir-se-á livre para se exprimir e se revelar, para fazer perguntas e receber respostas, para explorar as artes e para ousar viver criativamente.

Em adultos, a nossa identidade criativa pode ser a de artistas, músicos, terapeutas, cozinheiros, professores ou advogados. Cada um tem a sua forma de dar um contributo criativo.

Qual é o meio através do qual o leitor se expressa melhor? Qual é o meio através do qual consegue aprender melhor? De todas as artes expressivas, quais é que realmente comunicam consigo? Adora dançar, ir a galerias de arte, ouvir música? Pode dar-se o caso, por exemplo, de receber melhor a partir da música, mas de se expressar melhor cozinhando, estando com os seus filhos ou construindo. Podemos ouvir melhor e falar melhor através de diferentes meios, mas ambos fazem parte da nossa identidade criativa.

Excesso e défice no quinto chacra

Os homens sábios falam porque têm algo a dizer; os tolos falam porque têm de dizer alguma coisa.
PLATÃO

No que diz respeito à comunicação, a mais ou a menos geralmente são situações bastante óbvias, pelo menos para os outros. Todos conhecemos pessoas que falam demasiado. Contam-nos todos os pormenores irrelevantes e mais alguns. Tentam manter as pessoas interessadas no que elas estão a dizer, mas geralmente tal surte o efeito contrário, levando a que desliguem. Este é o típico exemplo de um chacra da garganta em excesso. (Se houvesse um programa de 12 passos para isto, seria designado por «On and On Anonymous» [«Tagarelas Anónimos»]!)

Conhecemos igualmente pessoas que raramente falam ou que, quando falam, o fazem em voz tão baixa que temos de esforçar-nos para as ouvir. Vejo imensos exemplos destes nos meus *workshops*. São pessoas que costumam sentar-se na fila da frente. Quando falam, *eu* mal as consigo ouvir, quanto mais o resto das pessoas... Uma vez, pedi a uma senhora que falasse mais alto para os outros conseguirem também ouvir a pergunta dela, e ela apressou-se a dizer que preferia não falar de todo! Este é um exemplo do chacra da garganta em défice.

A pergunta que se impõe é: *Por que razão* é que falamos a mais ou a menos?

Não falarmos pode ser o resultado de toda uma vida a não sermos ouvidos, a sermos ridicularizados ou a acreditarmos que não conseguimos lidar com a «carga» que a comunicação pode acarretar, quer para nós, quer para a outra pessoa. Por vezes, a carga no nosso próprio corpo pode ser tão intensa que dá a sensação de que tudo o que não foi exprimido quer sair de uma vez só. Dado que isso é demasiado assustador para a maior parte das pessoas, fechamos ainda mais o chacra da garganta. Se alguma vez experienciou um nó súbito na garganta ao começar a falar, juntamente com a pulsação cardíaca acelerada e as mãos suadas, saberá o que estou a dizer. Embora desejemos profundamente exprimir-nos, o resultado é um aperto ainda maior.

Para o libertar, ajuda irmos a um sítio onde possamos fazer barulho à vontade e emitir o máximo possível de sons: sons altos, de ira, de tristeza, de felicidade. Quanto mais sons libertarmos, menor será a pressão que sentimos na garganta e mais fácil será proferir as palavras que realmente desejamos.

Já mencionei que temos uma tendência natural para exprimir tudo o que tem um impacto sobre nós. A energia que entra no corpo é exprimida novamente para fora através de vários canais: dos pés, dos braços, da boca e dos órgãos genitais. Se algum dos outros canais estiver bloqueado, a boca pode ter de trabalhar mais do que o suposto, dando origem a um quinto chacra em excesso. Falar é uma forma de descarregar energia que não consegue ser descarregada de outra maneira. Isso só funciona até certo ponto, porque os problemas não estão ser descarregados na sua essência. Por isso, é preciso fazê-lo várias vezes, podendo tornar-se um hábito.

Características de excesso e de défice no quinto chacra

Características de excesso	Características de défice	Características de equilíbrio
Falar demasiado	Medo de dizer o que se pensa	Comunicação clara e concisa
Falar demasiado alto	Falar com uma voz baixa e frouxa	Falar com uma voz forte e sonora
Gaguejar	Ter dificuldade em exprimir sentimentos por palavras	Saber a sua própria verdade
Bisbilhotice	Secretismo	Ser um bom ouvinte
Dificuldade em conter-se	Contenção exagerada	Estar em harmonia consigo próprio e com os outros

Exprimir-se

Costuma ter conversas dentro da sua cabeça, como um ensaio para uma conversa futura ou como uma forma de conversar consigo mesmo? Não pense que está doido nem que está a ouvir vozes. Este é um processo natural que ocorre na cabeça de toda a gente. É uma forma de organizarmos internamente as coisas, de as processarmos. No entanto, uma verdade que não é exprimida ocupa espaço no quinto chacra, como um ruído de fundo que dificulta a audição. Se estivermos ocupados com as conversas que se passam dentro da nossa cabeça, não estamos a ouvir totalmente o que se passa à nossa volta. O resultado é não estarmos em sintonia com os outros, nem ressonantes com eles. Se houver demasiada tagarelice interna, podemos começar a viver num mundo só nosso. Ouvir é essencial para afinarmos o nosso instrumento, tal como os músicos escutam com atenção os instrumentos dos outros para afinarem os seus. Por isso é que aquietar a mente ajuda a ouvir com mais atenção.

Deixo-lhe um exercício para fazer se reparar que está a distanciar-se de uma pessoa da qual costuma estar próxima, como, por exemplo, de um bom amigo.

Exercício: Exprimir coisas contidas

Averigue interiormente o que pode não estar a dizer à pessoa. Talvez não queira magoá-la, talvez não queira expor-se, talvez simplesmente ainda não tenha tido tempo para se conectar mais profundamente com ela. Talvez haja algum assunto inacabado, no qual o leitor ainda não exprimiu totalmente a sua verdade.

Tudo o que não é dito é uma «coisa contida». É algo que faz parte da sua verdade e que está a esconder de outra pessoa por alguma das razões que já mencionei acima. Na maior parte dos casos, são as coisas negativas que contemos, mas, por vezes, podemos simplesmente esquecer-nos de dizer que gostámos de alguma coisa ou ser demasiado acanhados para dizer que gostamos da pessoa. Claro que há coisas que é melhor ficarem por dizer, não obstante estão a ocupar espaço no nosso chacra da garganta e a criar distância entre nós e o outro.

Primeiro passo

❖ Aponte por escrito, por exemplo num caderno, tudo o que não disse à pessoa em questão. Não escolha cuidadosamente as palavras. Expresse a sua verdade de forma autêntica, é o seu caderno e ninguém vai lê-lo a não ser você. Escreva tudo, até não haver mais nada que queira sair.

❖ Repare como é que se sente ao retirar essas coisas de dentro de si. Se os seus sentimentos em relação a essa pessoa têm sido negativos, poderá começar a sentir emoções mais positivas depois de as negativas terem sido exprimidas. Escreva também as positivas.

❖ Aqui ficam alguns exemplos:

- Eu não te disse que fiquei chateada por teres deixado a loiça suja no lava-loiças ontem à noite.
- Ultimamente, sinto que não consigo falar contigo.
- Há muito tempo que não te digo que te amo muito.
- Gostava que me abraçasses mais / que passasses mais tempo comigo / que me ouvisses / que pedisses desculpa...
- Fiquei zangado porque me ignoraste ao jantar no outro dia.

- Gostava que não visses tanta televisão.
- Gostava de passar mais tempo de qualidade contigo.

Segundo passo

Depois de escrever essas coisas da forma que elas quiserem ser expressas, imagine-se a dizê-las de facto à outra pessoa. Como se sentiria ao dizê-las? Repare que essa conversa é apenas imaginária e nela verá a sua própria projeção da experiência do seu interlocutor.

Terceiro passo

Encontre um amigo que esteja disposto a ouvir essas coisas contidas. Use o seguinte guião para esse processo:

❖ O seu amigo diz: «Diz-me alguma coisa que não estejas a dizer ao Patrick», e você diz: «Patrick, fiquei muito zangada por te teres atrasado para o nosso encontro.»

❖ Depois, o seu amigo diz: «Obrigado. Diz-me outra coisa que não estejas a dizer ao Patrick.»

❖ Então, você diz outra coisa, repetindo o processo até descarregar tudo o que tem a dizer ao Patrick.

Repare que o seu amigo não questiona, não analisa, não sugere, não aconselha, nem comenta. Ele apenas diz: «Obrigado e diz-me outra coisa que não estejas a dizer a…»

Quarto passo

Se for possível, partilhe essas emoções contidas com a pessoa em questão. Digo «se for possível», pois a outra pessoa pode já não estar viva, pode viver longe ou pode não estar disposta a participar nesse tipo de diálogo. Porém, se ela estiver disposta, também há um guião para manter o diálogo contido:

❖ Comece por fazer uma pergunta antes de desembuchar alguma coisa, por exemplo: «Querido, dei-me conta de que há coisas que não tenho estado a dizer-te e que estão a afastar-nos. Estás disposto a ouvi-las?»

❖ A resposta pode ser «Sim, tudo bem», «Não» ou «Agora não, estou cansado, podemos fazer isso noutra altura?» Qualquer que seja a resposta, ela tem de ser respeitada. Não adianta falar com a pessoa sobre as coisas que tem andado a conter se ela não estiver disposta a participar no diálogo. Se ela não quiser, contente-se com os primeiros três passos.

❖ Se a pessoa *estiver* disposta a ouvir, peça-lhe para concordar em responder simplesmente: «Obrigado. Diz-me outra coisa que não me tenhas andado a dizer.» É importante que a outra pessoa se abstenha de se defender, de comentar, de culpar, de argumentar ou de interromper. As coisas que você tem andado a conter podem ser verdadeiras ou falsas do ponto de vista dela, mas não é esse o objetivo. O objetivo é tirá-las de dentro de si.

❖ Por sua vez, a outra pessoa também pode ter coisas que não tem andado a dizer-lhe. Se for esse o caso, repita o processo no sentido contrário, limitando-se a dizer «Obrigado» depois de cada uma delas e ouvindo com atenção.

Dicas úteis

❖ Evite culpar, criticar ou tentar determinar o que a outra pessoa está a sentir. Essas afirmações geralmente começam com a palavra «tu», por exemplo: «Tu ignoras-me sempre e ages de maneira rude. Andas sempre zangado.»

❖ Uma maneira melhor de partilhar sentimentos contidos é usar o «eu», por exemplo: «Ontem à noite, senti-me invisível, por isso fiquei zangada com o tom da conversa.

Tive receio de ter feito alguma coisa que te irritasse.» Desta forma, a pessoa pode ouvir a sua experiência, em vez de receber uma crítica.

❖ Após ter deitado para fora o que andou a conter, é bom partilhar coisas positivas. Isto costuma acontecer naturalmente após a partilha das coisas negativas, mas para o caso de ser preciso, intercale sempre as suas comunicações difíceis com afirmações que sejam positivas e encorajadoras. Exemplos disto podem ser: «Estou mesmo contente por termos sido capazes de ter esta conversa, pois valorizo muito a nossa relação e quero sentir-me mais próxima de ti» ou «Dou muito valor ao facto de limpares a casa e cuidares das crianças. É algo que me ajuda muito».

❖ E é sempre bom terminar com um abraço e um sorriso.

PONTOS IMPORTANTES A RELEMBRAR

❖ O quinto chacra está relacionado com o som, a comunicação, a autoexpressão e a criatividade.

❖ Noventa por cento de uma boa comunicação assenta em ouvir.

❖ Os mantras são sons concebidos para despertar a consciência através da sua vibração subtil. Cada chacra tem um som seminal que é usado para ativar a energia.

❖ Qualquer coisa que nos abstemos de dizer a outra pessoa tende a criar distanciamento.

❖ Não expressarmos a nossa verdade cria densidade e, com o tempo, até doenças.

❖ O propósito do quinto chacra é descobrirmos, expressarmos e vivermos harmoniosamente a nossa verdade.

SEXTO CHACRA

LUZ

Todos temos de descobrir o que desperta a nossa centelha
para podermos, à nossa maneira, iluminar o mundo.
OPRAH WINFREY

Localização:	Centro da cabeça, ao nível das sobrancelhas
Nome e significado:	*Ajna*, centro de comando
Propósitos:	Visão, intuição, sabedoria
Elemento:	Luz
Princípio:	Luminescência, radiância
Fase de desenvolvimento:	Dos 12 anos em diante
Identidade:	Identidade arquetípica
Orientação:	Autorreflexão
Demónio:	Ilusão
Direito:	A ver
Som seminal:	*Om*
Cor:	Azul-índigo
Forma equilibrada:	Clareza, inspiração, visão

Iluminar-se

Já percorremos grande parte da nossa viagem pelos chacras. Enraizámo-nos na terra no primeiro chacra, enterrando as nossas raízes bem fundo. Passámos pelas águas da emoção e da sexualidade no segundo chacra, aprendendo a sintonizar-nos com as sensações e com os desejos. No terceiro chacra, descobrimos o nosso poder e ateámo-lo com a nossa vontade. No quarto chacra, inspirámos o ar do amor para dentro do nosso coração e depois aprendemos a expressar a nossa verdade no quinto chacra. A próxima etapa leva-nos à luminescência do sexto chacra para descobrirmos a luz radiosa da alma que se encontra dentro de nós. É aqui que realçamos a nossa intuição, desenvolvemos o nosso discernimento, iluminamos o nosso caminho e encontramos a clareza, a visão e a sabedoria.

O sexto chacra está relacionado com a visão, no sentido mais profundo da palavra. O que significa ver realmente? Não só reparar nos pormenores do que está à nossa volta, mas ver dentro de nós? Ver desempenha um papel crucial naquilo que os místicos chamam de «tomada de consciência». Para «tomarmos consciência», precisamos de aprender a ver com «olhos verdadeiros». Isto significa perfurar o demónio da ilusão do sexto chacra e chegar à luz brilhante e eterna da força vital.

A luz possibilita-nos ver, por isso é o elemento associado ao sexto chacra. Vendo onde estamos, conseguimos navegar no nosso caminho, comparando o mapa ao território. A nossa intuição torna-se uma força orientadora subtil e adquirimos perspetiva sobre o passado, vemos o que está adiante e escolhemos a nossa direção. Vendo com clareza, obtemos um panorama geral das coisas e criamos um significado para a nossa vida com a ajuda de um sonho orientador. Isto dá-nos informação para tomar decisões e diz-nos para onde ir.

Nos anos 1970, eu vivia fora da norma numa comunidade alternativa no campo. Adorei cada minuto que lá passei, estar imersa na beleza e na natureza, cuidando do jardim, plantando árvores e conduzindo cerimónias sagradas que honravam as estações. Nunca teria saído daquele paraíso de simplicidade, só que a minha permanência lá já não servia o meu sonho de levar o sistema de chacras a um mundo mais amplo. Tomei a decisão de regressar à cidade durante algum tempo para voltar a estudar, fazer as minhas especializações e escrever o meu primeiro livro, *Wheels of Life* (As Rodas da Vida). Escolhi o meu caminho de acordo com aquilo que melhor servia o meu sonho maior, mesmo que isso implicasse um sacrifício a curto prazo.

Absorver a luz

A maior parte das pessoas está separada da luz natural, passando o seu tempo dentro de casa, entre paredes, com um telhado por cima da cabeça, indo lá fora por alguns momentos a caminho do automóvel ou da paragem de autocarro. A nossa única luz é artificial. Porém, a luz natural é essencial para a saúde. Fica a faltar-nos uma «vitamina» importante se formos privados de luz. Até existe um nome para a síndrome da qual padecem as pessoas nas regiões mais a norte ou mais a sul do globo, onde os dias são muito curtos no inverno: Transtorno Afetivo Sazonal, ou TAS, e que pode levar à depressão. As investigações já comprovaram que a exposição, mesmo que moderada, à luz natural nessa altura do ano pode «iluminar» a nossa disposição.

Deixo-lhe aqui um exercício que ajuda a acrescentar cor e luz ao seu mundo interior:

Exercício: Guardar luz no seu templo interno

❖ Sempre que vir uma cor particularmente viva, pare e concentre-se completamente nela. Absorva-a verdadeiramente com os seus olhos. Imagine que a inspira para o seu interior.

❖ Depois, feche os olhos e tente lembrar-se exatamente daquilo que observou. Se não conseguir lembrar-se nitidamente, abra os olhos e torne a absorver a imagem. É como se estivesse a «guardar» essa cor na sua paleta interna.

❖ Repita até sentir que consegue criar essa cor dentro de si.

Também pode aplicar este exercício à luz em geral, embora nunca deva olhar diretamente para o Sol. Por vezes, vejo a luz a cintilar no para-brisas, a passar pelo meio das folhas de uma árvore ou a brilhar num pôr do sol, e transporto essa luz igualmente para o meu interior.

Exercício: Visualizar a sua chama interior

Uma outra técnica consiste em meditar numa sala escura com uma vela acesa à sua frente. Absorva a luz da chama através dos seus olhos até conseguir fechá-los e visualizá-la com clareza na sua mente.

Ao realizar este exercício com regularidade, os meus sonhos começaram a tornar-se mais coloridos, a minha capacidade de imaginar e visualizar tornou-se maior, e é comum surgir-me uma luminescência interior suave quando fecho os olhos na escuridão.

Interpretar o símbolo do sexto chacra

Após o aumento do número de pétalas dos símbolos dos chacras de quatro para seis, dez, doze e dezasseis, ficámos de repente com apenas duas pétalas no sexto chacra. O meu entendimento disto sempre foi o de que estas duas pétalas representam os nossos dois olhos físicos e o círculo representa o terceiro olho, o órgão psíquico da perceção.

Dentro do círculo, encontra-se mais uma vez o *Trikuna* de Shakti, conectando o espírito e a matéria, dentro do qual está o símbolo do *Om*, o símbolo universal da unidade espiritual. Por cima do *Trikuna*, está uma lua brilhante em quarto crescente, significando a cor branca pura que muitas vezes é vista quando o terceiro olho se abre à luz brilhante do nosso interior.

Diz-se que as dualidades dos *nadis* que formam um oito, *Ida* e *Pingala (apresentados na Introdução)*, se encontram no sexto chacra e se diluem aí numa consciência não dual. Só neste estado de foco unificado é que conseguimos ascender ao estado de consciência pura do sétimo chacra.

Abrir o terceiro olho

A imaginação é mais importante do que o conhecimento.
ALBERT EINSTEIN

O sexto chacra também é chamado de terceiro olho, um órgão de perceção mais profundo que existe entre os nossos dois olhos físicos. Está relacionado com a glândula pineal, o órgão sensível à luz que se situa dentro do nosso cérebro e que é responsável pelas visões, pelos sonhos e pelos ciclos do sono e da vigília. Esta glândula tinha o nome de «sede da alma» muito antes de o seu papel ser compreendido na modernidade. Em alguns animais inferiores, bem como nos embriões, ela é efetivamente um terceiro olho.

Foram precisos cerca de três mil milhões de anos desde o surgimento da vida na Terra para a evolução criar olhos que conseguissem ver. É muito tempo para se ficar na escuridão até alguém acender a luz! Quando os animais começaram a ver, tal possibilitou-lhes procurar comida e afastar-se do perigo. Conseguiam ver-se uns aos outros, ver o mundo à sua volta e começar a trabalhar em grupo.

Encontramo-nos agora num ponto semelhante da nossa evolução enquanto espécie, a chegar a uma etapa em que já temos a informação suficiente sobre o nosso mundo que nos permite ver o futuro; a chegar à tecnologia que nos dá olhos eletrónicos para vermos o mundo inteiro, através dos filmes, da televisão e da Internet; a chegar à comunicação de longa distância, por exemplo através do *Skype*, que nos permite ver as pessoas com quem estamos a falar.

Além disso, estamos a chegar ao ponto em que as massas aprendem a elevar a sua consciência, a meditar e a desenvolver a sua intuição. E embora possa ainda não fazer parte do conhecimento geral, muitas pessoas estão a desenvolver as suas aptidões psíquicas e a usar a clarividência para ver a energia e as auras com um propósito de cura. Aprendermos a ver desta maneira é um tremendo salto evolutivo.

O que é essencial nesta fase é criarmos uma visão orientadora do rumo que queremos tomar com este planeta, uma visão que nos faculte a sobrevivência a longo prazo e a prosperidade no futuro. Ver o futuro permite-nos planear. Talvez não seja coincidência das palavras que salvar o nosso «*planeta*» implique que tenhamos mesmo de o «*planear*». A minha visão global é a de que estamos aqui para criar o céu na Terra, e o caminho através dos chacras é um meio de chegarmos lá.

Se uma visão global for demasiado ampla para o leitor conseguir abarcar mentalmente neste momento, talvez seja necessário criar primeiro um sonho orientador para a sua própria vida. Para onde quer ir? Onde é que quer dar o seu contributo? O que chama a sua atenção? O que incendeia a sua paixão e o seu propósito? O seu sonho é o veículo que o leva à realização do propósito da sua vida. Quanto tempo é que investe no planeamento das suas próximas férias em comparação com o que investe no planeamento do resto da sua vida?

Exercício: Imagine o seu sonho

❖ Admira alguém por estar a viver o seu sonho? O que o inspira em relação a essa pessoa?

❖ Com o que é que sonha quando a sua mente tem momentos de ócio? É algo que gostaria de criar na sua vida?

❖ Se o dinheiro não fosse problema, o que faria com a sua vida? O que daria à sociedade para retribuir a sua abundância?

- ❖ Imagine que está às portas da morte a fazer uma retrospetiva da sua vida. Está satisfeito com aquilo que fez com ela?
- ❖ Imagine que a sua família está reunida à volta da sua cama e que o leitor lhes diz que está pronto para abandonar o seu corpo porque já cumpriu o propósito da sua vida. Que propósito é esse? O que fez o leitor? Que efeitos provocou?

O centro de comando

> *As pessoas são como os vitrais. Brilham e reluzem*
> *quando o sol está no céu, mas quando a escuridão se instala,*
> *a sua verdadeira beleza só é revelada se houver uma luz*
> *que vem do seu interior.*
> Elisabeth Kübler-Ross

O sexto chacra chama-se *Ajna*, que significa «percecionar» e «comandar». A parte da perceção é fácil de perceber; é o que acontece quando abrimos os olhos: percecionamos o que está ao nosso redor. Mas isso é apenas metade daquilo que o sexto chacra faz. Ele também cria imagens na nossa mente que começam *a comandar* a nossa realidade. À semelhança do que acontece com um vitral, estas imagens internas são a primeira coisa que a consciência alcança na sua viagem para baixo rumo à manifestação. Isto não significa que concretizemos exatamente aquilo que visualizamos. Geralmente, há bloqueios pelo caminho que distorcem a imagem que formámos na nossa mente. Não obstante, as nossas imagens e crenças internas direcionam a nossa atenção e começam a dar forma aos nossos pensamentos.

A maior parte das pessoas pensa no ato de ver como algo que acontece de forma passiva: nós abrimos os olhos e as imagens entram a jorros. Porém, também é ativo quando usamos a nossa imaginação. É assim que «vemos» o que queremos criar, embora isso ainda não exista! E quanto mais usamos a nossa imaginação de forma ativa, melhor conseguimos criar o que queremos.

Se quiser mudar ou criar alguma coisa na sua vida, comece por visualizá-la *como se ela já estivesse a acontecer*. Se desejar criar mais prosperidade, visualize diariamente a sua conta bancária com um saldo mais elevado, ou imagine que consegue o emprego perfeito, ou «veja» todas as suas dívidas pagas. Se desejar criar saúde, imagine que está a enviar luz ou cor para a parte enferma do seu corpo. Se estiver à procura do companheiro ideal, imagine que está a conversar com ele, que acorda ao lado dele ou que está a caminho do altar para selar os votos do matrimónio.

Um conselho

Tenha atenção às imagens que cria em relação à sua vida, quer para si mesmo, quer para os outros. Essas imagens costumam ser positivas ou negativas? Quando se olha ao espelho, foca-se na gordura a mais na barriga ou vê a beleza de quem é? Quando olha para os outros, foca-se naquilo que eles estão a fazer mal ou serve-lhes de espelho para as suas características positivas? Os reis e as rainhas usam coroas de joias que são belas porque refletem a luz. Quando nós aprendemos a refletir a luz dos outros, essa luz é aumentada. Aprender a ver e a realçar o bom é um exercício espiritual diário.

As cores e os chacras

A cor é um aspeto da luz que transmite frequências essenciais para o interior do corpo. Estudos comprovam que as pessoas recuperam mais rapidamente das doenças na presença de coisas verdes e que crescem, que o azul tem um efeito calmante e que o vermelho é revigorante. É claro que os chacras costumam ser associados às cores que refletem as sete cores do arco-íris, desde a frequência mais baixa do espectro visível (o vermelho), passando pelo laranja, amarelo, verde, azul-claro e azul-índigo, até à frequência mais elevada e mais rápida, que é o violeta. Se quiser estimular algum chacra em particular, pode ser útil rodear-se da cor associada a esse chacra.

Exercício: Meditação com as cores

Depois de ler esta meditação, feche os olhos durante alguns segundos. Pode até gravá-la, para poder ser conduzido ao longo dela.

Depois de as suas pestanas se fecharem, tocando nas suas faces e apagando a luz, imagine que está a levar luz para dentro do seu templo. Recorde-se do aspeto da luz do exercício que realizou para a absorver! Você consegue recriar essa luz dentro da sua mente sempre que quiser.

Agora, imagine essa luz a brilhar sobre si, vinda de cima da sua cabeça. Veja-a como uma luz branca pura, o mais brilhante que conseguir imaginar, a cor da luz das estrelas.

Em seguida, imagine que o seu corpo é um prisma que divide essa luz branca em sete frequências diferentes de cor, uma para cada chacra.

À medida que a luz desce até à sua coroa, imagine que ela assume um tom violeta vivo e que essa luz dá cor às mil pétalas da flor de lótus do seu chacra da coroa.

Depois, imagine que volta àquela luz branca e puxa um raio de azul-índigo escuro, depositando-o no seu sexto chacra, no centro da sua cabeça, como uma estrela safira, brilhando com uma luz azul.

Em seguida, tire dessa luz branca infinita um raio de luz azul-claro, depositando-o no seu chacra da garganta. Imagine ondas de vibração banhadas por este azul, emanando a 360 graus do seu chacra da garganta.

Agora, vá à luz branca brilhante novamente e pegue num verde rico e belo, o verde das plantas e das florestas. Inspire essa cor e encha o seu chacra cardíaco com ela.

Em seguida, aceda à luz branca pura e puxe um raio amarelo, da cor do fogo, da energia do sol. Deixe o seu terceiro chacra expandir-se e encher-se de tons amarelos vivos e dourados cintilantes.

Mantendo todas estas cores em cada um dos seus chacras superiores, vá à luz branca e puxe a cor laranja, visualizando o seu segundo chacra a encher-se com o calor e a energia dessa cor. Sinta-a a acalmar e a dissolver o seu corpo.

Por último, passando por todas as cores até à luz branca infinita, puxe para baixo um vermelho forte e vivo, a cor do seu chacra de raiz. Imagine que está sentado em cima de uma flor de lótus vermelha, cujas quatro pétalas apontam para os quatro pontos cardeais, inundadas de luz vermelha. Deixe esse vermelho descer pelas pernas até aos pés e até ao chão.

Agora, tente visualizar todo o seu eixo central interno como um arco-íris de luz, cada frequência forte e brilhante, iluminando completamente o seu sistema de chacras.

Repare se há chacras que brilhem mais do que outros e faça descer mais luz para dentro dos que estiverem mais fechados ou escuros.

*Imagine estas sete cores a brilhar como pedras preciosas no seu
íntimo mais profundo e a superfície do seu corpo rodeada por uma
luz ténue cintilante que o envolve.*

Registe no seu caderno quaisquer impressões que queira recordar.

Exercício: Ver à distância

Quando mudamos de perspetiva, vemos as coisas de maneira diferente. É por isso que a mudança de ares ou de cenário nos consegue ajudar a resolver problemas e a encontrar soluções. Apresento-lhe um pequeno exercício para desenvolver a sua capacidade de observação interna e talvez aprender algo mais sobre si próprio. Pode ficar admirado com algumas coisas que normalmente não vê.

*Feche os olhos e imagine que está a sair do seu corpo e a
flutuar num ponto algo distante por cima da sua cabeça, talvez
numa esquina da sala ou mesmo por cima do telhado.*

*Imagine que está a olhar para si próprio, observando-se ao
longo de um dia como qualquer outro. Veja-se a acordar, a lavar
os dentes, a tomar o pequeno-almoço, a interagir com a sua família, a ir para o trabalho e assim por diante, até regressar a casa
e ir para a cama. Veja tudo isto como se estivesse a ver um filme
antigo ou um vídeo do YouTube feito com uma câmara oculta.*

*O que consegue observar em si próprio desta perspetiva que
não costuma ver quando está no meio da azáfama do seu dia?
Poderá reparar que a sua postura fica curvada ou que não se
mostra recetivo a todo o amor que está disponível para si. Pessoalmente, reparo muitas vezes que me esqueço de deixar o espírito
guiar-me e que penso que tenho de fazer tudo sozinha. Outras*

pessoas reparam que se esforçam demasiado, ou que não se esfor-
çam o suficiente, ou que têm mais medo do que precisavam de ter.

Olhe para essas características com desapego e dê o seu melhor
para não julgar. Tente «ver-se» a si mesmo como se estivesse a ver
outra pessoa, mas seja extremamente curioso.

Depois, abra os olhos e registe o que viu no seu caderno. Não
dê conselhos a si mesmo, basta escrever o que viu.

Estarei a sonhar?

Quem olha para fora, sonha; quem olha
para dentro, desperta.
CARL JUNG

Sonhar é uma parte importante do sexto chacra e da consciência em geral. É o sonho que revela o inconsciente sob a
forma de imagens e conversas, para a mente consciente conseguir percecioná-lo e compreendê-lo.

Mesmo que não se recorde dos seus sonhos, estudos de-
monstram que toda a gente sonha à noite, geralmente várias
vezes. Todas as pessoas têm períodos intermitentes durante
o sono em que as pálpebras tremem, o chamado sono REM
(*Rapid Eye Movement [Movimento Rápido dos Olhos]*). Por vezes,
até conseguimos ver o nosso cão a fazê-lo! Se acordarmos uma
pessoa sempre que entra na fase de sono REM e lhe negarmos
o seu período de sonho, ela ficará cada vez mais desequilibrada
emocionalmente. Por isso, os nossos sonhos servem mesmo
para alguma coisa, quer nos lembremos deles, quer não.

Adotar a prática de escrever num diário de sonhos é uma
boa forma de mostrarmos à nossa mente inconsciente que estamos realmente interessados no que ela tem para nos dizer.

A partir do momento em que lhe transmitir essa mensagem, verá que passa a lembrar-se mais rapidamente dos seus sonhos. Mesmo que só se recorde de um fragmento de um sonho, aponte-o e tire alguns momentos para ponderar sobre ele mais tarde.

À medida que for registando os seus sonhos, repare se lhe surgem temas específicos. O que é que você, o sonhador, tenta tipicamente fazer no sonho? Onde é que fica frustrado? Onde é que é recompensado? Encare cada aspeto dos seus sonhos como um aspeto seu, mesmo que sonhe com um carro, uma flor ou uma casa. Se não compreender algum elemento do seu sonho, conduza um pequeno diálogo com ele no seu diário, perguntando-lhe qual é o seu propósito. Pode ficar admirado com aquilo que vai aprender.

Identidade arquetípica

O conteúdo do inconsciente coletivo são os arquétipos, imagens primordiais que refletem padrões básicos que nos afetam a todos e que existem universalmente desde o princípio dos tempos.
CARL JUNG

Os arquétipos são padrões da consciência coletiva, imagens ideais que funcionam como ponto de partida das mais variadas experiências que temos. Por exemplo, a palavra «gato» ou «mãe» tem um significado geral para toda a gente, apesar de cada gato ou de cada mãe serem únicos.

Aprender a pensar em termos de arquétipos faz parte de ter uma visão geral das coisas. É a forma como nos vemos refletidos no que se desenrola à nossa volta. Podemos ver o papel que estamos a desempenhar no trabalho ou no nosso relacionamento, ou o papel que os outros assumem na nossa vida. Compreender estes papéis pode dar-nos a liberdade de escolhermos conscientemente o papel que estamos a assumir ou de o abandonarmos. Tudo isto faz parte da corrente de libertação. Permita-me dar-lhe um exemplo.

Há trinta anos, eu era uma mulher muito ocupada. Era mãe de quatro filhos em casa, geria um consultório de psicoterapia a tempo inteiro, era presidente de uma grande instituição, estava a acabar os meus estudos na universidade e o meu primeiro livro tinha acabado de ser publicado. Dei por mim exausta e, por vezes, confusa em relação às minhas prioridades. Hoje, olho para trás e digo: «Não é de admirar!», mas, na altura, procurei a terapia junguiana para me ajudar a lidar com estas necessidades. Numa das sessões, o terapeuta perguntou-me: «Porque é que se identifica excessivamente com os aspetos positivos da Grande Mãe?» Percebi subitamente (vi com olhos de ver) que estava a tentar ser uma personalidade de tipo «T» — «Tudo para Todos». Ao fazê-lo, assumira um arquétipo completamente irrealista. Com aquela simples pergunta, o meu terapeuta desconstruiu toda aquela noção e libertou-me no sentido de ser eu própria, mais autêntica.

É possível que perceba que assumiu o papel da Ovelha Negra na sua família, ou que sempre foi a Menina Bem-Comportada ou o Menino Bem-Comportado. Talvez tenha sentido que tinha de salvar toda a gente, o que o fez assumir o papel de Herói. Talvez tenha sido o Fantasma ou o Mártir.

Os arquétipos têm aspetos de luz e aspetos de sombra. A sua mãe, por exemplo, pode ter sido uma Mãe Opressora ou uma Mãe Nutridora. O seu pai pode ter sido um Pai Irado ou um Pai Superprotetor. Talvez o seu irmão tenha sido a Sombra da família e a leitora se tenha visto obrigada a ser a Menina

Bem-Comportada para equilibrar as coisas. E talvez o leitor esteja a negar a sombra num arquétipo que está a assumir, tal como eu estava a negar o lado de sombra da Grande Mãe.

Apresento em seguida alguns dos papéis que costumamos desempenhar no domínio dos arquétipos. Quantos é que reconhece? Pode acrescentar outros da sua autoria.

❖ Mãe
❖ Pai
❖ Criança Perdida
❖ Menina Bem-Comportada
❖ Menino Bem-Comportado
❖ Amante
❖ Artista
❖ Terapeuta
❖ Mártir
❖ Vítima
❖ Herói (tenta salvar o mundo)
❖ Impostor
❖ Palhaço
❖ Ajudante
❖ Rebelde
❖ Professor
❖ Construtor

Que papel pensa que está a desempenhar neste momento? Pergunte a si mesmo se desempenhar esse papel é útil para a situação da forma que você quer. Se for, então como pode realmente assumir esse arquétipo e desempenhá-lo ainda melhor? Se não for, como pode libertar-se do domínio dele e viver de forma mais autêntica?

Por vezes, basta a pessoa perceber o que está a acontecer para se libertar de um papel; outras vezes, precisa de se permitir fazer algo diferente. Para mim, na história que narrei acima, não só foi necessário perceber qual era o arquétipo que eu estava a vivenciar, como também tive de aprender a dizer que não, mesmo que por vezes isso desagradasse aos outros. E esta é uma aptidão na qual ainda estou a trabalhar!

Fase da infância

As crianças são naturalmente intuitivas e imaginativas. Conseguem montar todo um cenário quando estão a brincar com as bonecas ou com os soldados. Podem ter amigos imaginários ou uma sensibilidade apurada em relação às outras pessoas. Infelizmente, este sexto sentido é muitas vezes desativado à medida que vamos crescendo. Poucos pais ou professores sabem como estimular estas capacidades nas crianças, pois eles próprios nunca tiveram a possibilidade de abrir e desenvolver tais aptidões.

Depois de a identidade criativa do quinto chacra ter sido integrada, dos sete aos doze anos de idade, começa a identidade arquetípica, durante a pré-adolescência e a adolescência. Agora, a criança pergunta porquê a um nível completamente diferente, usando a sua imaginação para ver a vida de maneira diferente. Há uma profunda ânsia de pertença, de ter uma identidade arquetípica, seja ela a do líder de um gangue, do aluno preferido da professora ou do chefe de turma. O pré-adulto começa a imaginar a vida de um modo diferente, a usar cristas no cabelo ou a tatuar o corpo, ou a ficar obcecado com uma imagem arquetípica, como a de uma estrela de cinema, por exemplo.

É preciso ter o cuidado de não reprimir a imaginação da criança ou a necessidade de o adolescente experimentar essas diferentes identidades arquetípicas e tribais. Faz parte de experienciar diferentes realidades e da forma como aprendemos a ver várias possibilidades. Num mundo em rápida mudança, a nossa capacidade de ver as coisas de novas formas é de uma importância fundamental.

A infelicidade é que, geralmente, os adultos não providenciam aos jovens arquétipos importantes, como os que existem nos mitos e nas lendas de heróis, deuses e deusas. Em vez disso, o que lhes dão são estereótipos, que não são tão satisfatórios.

Se quisermos ajudar a contrariar esta tendência, os livros sobre a mitologia, as imagens de um baralho de *tarot* ou a astrologia são formas de começar a pensar em termos de arquétipos.

Excesso e défice no sexto chacra

George e Jennifer formavam um casal invulgar. Ela tinha uma inocência infantil e uns olhos grandes e redondos bem abertos. Interessava-se por tudo o que tivesse que ver com a espiritualidade: vidas passadas, chacras, auras, cristais, tudo, ao passo que George era o mais pragmático possível. Era extraordinário como eles conseguiam viver juntos, mas via-se claramente que se adoravam.

Jennifer era excessiva no seu sexto chacra. Conseguia imaginar o que quer que fosse e acreditava que tudo o que surgia na sua mente representava algo real. De facto, era bastante imaginativa e tinha fortes aptidões intuitivas, detetando sinais subtis nas outras pessoas e interpretando-os depois. Porém, tinha pouca formação nestas questões e não conseguia distinguir a verdade da ficção na grande diversidade de imagens que percecionava. Tinha um sexto chacra em excesso.

O marido era muito terra a terra e prático, entroncado e com um sentido de humor adorável. A imaginação fértil de Jennifer não lhe valia de muito, mas ele achava-a engraçada e metia-se com ela por causa disso. Simplesmente não acreditava em nada que não tivesse visto com os seus próprios olhos. A tendência dele era para ter algum défice no sexto chacra e talvez algum excesso no primeiro.

Apesar destas diferenças, o casal conseguia ser feliz. Mesmo assim, conseguiam ver e apreciar a beleza um do outro sem esperar que o outro tivesse a mesma perspetiva sobre a vida.

Características de excesso	Características de défice	Características de equilíbrio
Alucinações	Falta de imaginação	Imaginativo
Delírios	Dificuldade em visualizar	Perspicaz
Obsessivo	Insensível	Intuitivo
Pesadelos	Sem lembrança dos sonhos	Recorda-se dos sonhos
Memórias incómodas	Negação (não vê a verdade)	Clareza
Dificuldades de concentração	Má memória	Visionário

O demónio da ilusão

Dado que este chacra está relacionado com uma visão clara, o seu demónio é a ilusão. Quando ficamos presos a qualquer tipo de ilusão, ela turva a nossa visão e clareza. Já vi mulheres anoréticas que pensavam que eram gordas. Já vi pessoas a fantasiar com um relacionamento com alguém que não estava minimamente interessado nelas. Já vi pessoas a acreditar piamente que o seu próximo investimento ia fazê-las ricas e que acabaram por perder todo o seu dinheiro. A História demonstrou-nos que a Humanidade já se iludiu muitas vezes. É algo que já aconteceu a todos nós, e, quando a ilusão se desfaz, geralmente acordamos de forma dura para a realidade.

A ilusão pode assumir a forma de negação, quando nos recusamos a ver o que existe. Pode assumir a forma de distorção, quando vemos algo diferente daquilo que é evidente para todas as outras pessoas. Pode até assumir a forma de uma verdadeira alucinação, quando é mais grave. Porém, para a pessoa afetada pela ilusão, aquilo que vê parece-lhe absolutamente verdadeiro e real. Mas como sabemos quando estamos a sofrer da «falsa visão» da ilusão?

É aqui que a comunicação entra. Por vezes, ajuda pedirmos a opinião a alguém. Podemos perguntar a um ou outro amigo se ele acha que estamos a iludir-nos quando lhe contamos o que vemos. Devemos questionar regularmente as nossas crenças e os nossos pressupostos. Devemos eliminar o mais possível as nossas expectativas. Quando já não esperamos que algo assuma determinado aspeto, conseguimos ver melhor as coisas da forma como elas realmente são.

O sexto chacra é onde a dualidade é integrada. Se virmos algo como inteiramente bom, sem qualquer sombra, ou como inteiramente mau, sem nada de bom, o mais provável é não estarmos a ver essa coisa com clareza. Para vermos algo em toda a sua plenitude, incluindo nós próprios, temos de perceber que toda a luz tem uma sombra e que cada sombra cria um contraste que realça a luz.

PONTOS IMPORTANTES A RELEMBRAR

❖ O sexto chacra está relacionado com o elemento da luz e com a capacidade de ver e ter discernimento.

❖ A luz natural é importante para a saúde. Quando passamos demasiado tempo dentro de quatro paredes, sofremos de privação de luz.

❖ A glândula pineal é um órgão sensível à luz localizado no centro da cabeça e que é responsável pelo sono, pelos sonhos e pelas visões. Funciona melhor quando obedece a um ritmo natural de luz e escuridão.

❖ O demónio deste chacra é a ilusão, que nos impede de ver com clareza.

❖ Este chacra está associado à identidade arquetípica, ao papel que desempenhamos no panorama geral da nossa vida.

SÉTIMO CHACRA

CONSCIÊNCIA

*Nenhum problema pode ser resolvido
a partir do mesmo nível de consciência que o gerou.*
ALBERT EINSTEIN

Localização:	Topo da cabeça
Nome e significado:	*Sahasrara*, mil vezes mais
Propósitos:	Despertar, entendimento, iluminação
Elementos:	Pensamento, consciência
Princípio:	Consciência
Fase de desenvolvimento:	Do início da idade adulta em diante
Identidade:	Identidade universal
Orientação:	Autoconhecimento
Demónio:	Apego, ignorância
Direito:	A saber
Som seminal:	Silêncio
Cores:	Violeta, branco
Forma equilibrada:	Consciência, presença, inteligência

Consciência, a última fronteira

Os seres humanos têm uma capacidade distinta para uma consciência altamente sofisticada. A capacidade de sentir, tocar, ver, ouvir e cheirar baseia-se numa consciência que é capaz de percecionar um incrível detalhe sobre o mundo. A capacidade de recordar, de pensar e planear, de simplesmente termos consciência, também é miraculosa.

Reflita sobre tudo o que a sua consciência é capaz de fazer: reconhecer inúmeras vozes ao telefone, seguir indicações para centenas de locais, saber fazer uma enorme série de coisas, falar, recordar, criar. O facto de o leitor conseguir decifrar estas formas de tinta numa folha de papel e transformá-las num significado é, por si só, um milagre! E isto é apenas a ponta do icebergue daquilo que é a consciência e do que ela consegue fazer.

Treze mil milhões de células cerebrais tornam tudo isto possível, sendo o número de conexões entre elas superior ao número de estrelas que existem no Universo! Transportamos literalmente o Universo dentro de nós, pois tudo o que percecionamos e compreendemos chega-nos através da nossa consciência. Mas por acaso sabe que a mente é cem mil vezes mais sensível ao *interior* do corpo do que ao exterior, com muito mais recetores sensoriais de sinais *internos*? Não é de admirar que o mistério da consciência esteja bem guardado nas profundezas do nosso ser.

No sétimo chacra, exploramos esse mistério. A nossa etapa final na viagem pelos chacras leva-nos à essência profunda que está sempre no comando. Aqui, olhamos para além daquilo que vemos ou ouvimos para a faculdade subjacente que nos possibilita fazer isso mesmo.

Que faculdade é essa? Como funciona? De onde vem? Quem sente o mundo através dos nossos sentidos? Quem pensa, projeta e perceciona a nossa realidade? O que é um pensamento? O que é a inteligência? O que é a consciência? O que é a mente? O que é esta misteriosa coisa sem substância que permeia toda a criação? É este tipo de perguntas que fazemos quando a consciência direciona a sua atenção para a exploração da sua própria natureza. Questionar é uma das vias para o despertar.

Interpretar o símbolo do sétimo chacra

O chacra da coroa também é denominado «a flor de lótus de mil pétalas». Para os antigos iogues, cada um dos chacras era uma flor de lótus que florescia com o despertar da consciência. Mas as mil pétalas deste chacra implicam que ela floresce infinitamente. De facto, quando chegamos ao cimo do espectro dos chacras, chegamos à natureza infinita do cosmos e da consciência universal. Aqui não existem limites.

O desafio do chacra da coroa é a nossa consciência permanecer centrada precisamente no meio da flor de lótus, mesmo quando as muitas pétalas da realidade florescem incessantemente à nossa volta. Conseguiremos nós permanecer centrados e em silêncio no meio do barulho do trânsito, das pessoas aos gritos, dos desafios do trabalho, das várias perdas e dos vários impactos que têm lugar diariamente? Isto requer desapego e uma paz interior profundamente arreigada. Os exercícios para o sétimo chacra, como por exemplo a meditação, são concebidos para refinar esta aptidão. Aqui, transcendemos as coisas habituais que nos «prendem» na vida e aprendemos a respirar e a simplesmente ser. O apego, enquanto demónio deste chacra, pode impedir-nos de nos regozijarmos no infinito.

A programação da consciência

Nós somos o que pensamos. Tudo o que somos vem dos
nossos pensamentos. Através dos nossos pensamentos,
damos forma ao mundo.

Buda

Se pensarmos no nosso corpo como o nosso *hardware*, com ossos, músculos e órgãos, então a nossa mente é o nosso *software*, programado com as línguas que falamos, com tudo o que aprendemos e com todas as nossas memórias e crenças. A energia vital de que temos falado neste livro é a eletricidade que circula pelo computador, permitindo que o *hardware* e o *software* se conectem.

Num computador, a programação do *software* diz aos pequenos eletrões para onde ir e para onde não ir no *hardware*, e isso gera o que experienciamos no nosso ecrã, quer estejamos a ver um filme, a analisar dados ou a ler uma mensagem eletrónica. Se a bateria do nosso computador ficar sem energia, por exemplo, não interessa quantos programas temos instalados, nem se comprámos o *hardware* mais avançado no mercado. Tudo isso é inútil se não tivermos uma corrente a alimentar o sistema.

Da mesma forma, a nossa energia vital conecta a nossa mente ao nosso corpo. A programação na nossa mente diz à nossa energia para onde ir e para onde não ir no nosso corpo.

Diz-nos para encolher a barriga se pensarmos que alguém está a olhar para nós ou para ficarmos em silêncio quando outra pessoa está a falar. Diz-nos quando agir e quando ter cautela. É ela que está por detrás de todas as coisas que guiam o nosso comportamento, desde a nossa infância e programação cultural às crenças e aos valores que escolhemos. A forma como nos alimentamos, como tratamos os outros e como vamos atrás dos nossos objetivos, tudo isso é um resultado direto da nossa programação, tanto consciente como inconsciente. É ela que direciona a nossa energia vital para dentro e para fora de cada um dos nossos chacras, de acordo com a maneira como os nossos programas interpretam a situação.

A nossa programação pode estar a funcionar bem, se tivermos um programa para ficar em forma ou para atingir objetivos, ou pode estar a funcionar a nosso desfavor, por exemplo, se tivermos um programa no chacra cardíaco que nos leva a ter relações falhadas ou um programa no primeiro chacra que nos mantém na pobreza. Aqui, a tarefa do sétimo chacra é examinar os programas que controlam a nossa vida e retirar os seus vírus, para conseguirem fazer melhor o que devem fazer, quer seja proteger a nossa sobrevivência, desenvolver o nosso poder pessoal, gerar intimidade ou ajudar-nos a ser criativos.

Ainda na analogia do computador, a *consciência* não é o *software*/mente nem o *hardware*/corpo, mas o *utilizador* de todo o sistema. É a minha consciência que está a digitar estas palavras neste momento, e é a consciência do leitor que as lê e lhes interpreta o sentido. A minha consciência pode olhar para o que o meu computador está a fazer e dizer: «Não quero fazer isso, quero fazer aquilo!» Então, eu «opero» o meu computador, digitando um comando diferente, consultando um sítio diferente na Internet ou desligando a máquina e direcionando a minha atenção para outra coisa. Da mesma forma, a nossa consciência pode «operar» a nossa mente, examinando a nossa programação, alterando as nossas crenças e criando novas. Podemos eliminar os vírus dos nossos programas para a nossa vida correr melhor. Os seres humanos são possivelmente a única espécie que consegue fazer isso!

A nossa programação é que direciona a nossa atenção. Se acreditarmos que um programa televisivo vai ser interessante, podemos dar-lhe a nossa atenção. O leitor está a ler este livro agora porque acredita que vale a pena estudar os chacras!

Prestar atenção

> *A atenção é um recurso muito valioso.*
> *Onde quer que façamos esse investimento,*
> *é aí que iremos obter o nosso retorno.*
> ANODEA JUDITH

A atenção é um aspeto importante da consciência, e é aquele com o qual estamos mais familiarizados. Neste momento, o leitor está focado na leitura destas palavras, mas talvez haja outras coisas a competir pela sua atenção: o seu telefone pode estar a tocar, os seus filhos podem estar a fazer barulho ou o seu estômago pode estar a queixar-se, virando a sua atenção para a comida. Quando vamos a andar na rua, os cartazes publicitários e as montras das lojas têm como objetivo captar a nossa atenção. Ao longo do dia, há milhões de coisas que nos distraem.

O foco da nossa atenção gera a nossa *experiência*. Se eu olhar pela janela agora, tenho a experiência de um dia cinzento e nublado e do zumbido de um avião a passar no céu. Se eu concentrar a minha atenção no meu corpo, reparo que estou sentada para a frente na minha cadeira e que o meu escritório está um pouco frio esta manhã. Se eu olhar para o ecrã do meu computador, o meu corpo e a paisagem lá fora passam para segundo plano e a minha atenção regressa às ideias que estou a tentar transmitir.

A nossa atenção é como o navegador que usamos para navegar na Internet. O que quer que lhe indiquemos, é isso que aparece no nosso ecrã. Se alterarmos a nossa busca, alteramos a informação que chega até nós. Se mudarmos o foco da nossa atenção, mudamos a nossa experiência.

Termos o controlo da nossa atenção é um dos primeiros passos para ganharmos o domínio sobre a nossa mente e para abrirmos as portas a uma consciência mais elevada. Na realidade, para sermos bem-sucedidos no que quer que seja, precisamos da capacidade de manter a nossa atenção focada naquilo que estamos a fazer, apesar de todas as distrações.

Sentido e crenças

Não são os acontecimentos da nossa vida que nos moldam,
mas as nossas crenças em relação ao que esses
acontecimentos significam.
TONY ROBBINS

Afirmámos que a atenção cria a nossa experiência. Mas, depois, o que faz a mente com essa experiência? Tenta tirar um *sentido* dela. Fá-lo através da interpretação.

Neste preciso momento, o leitor está a transformar estas formas pretas sinuosas em palavras que têm um sentido. Se, em vez disso, estivesse a olhar para uma fórmula matemática complexa ou para o alfabeto de uma língua estranha, essas formas poderiam não fazer qualquer sentido para si. Da mesma maneira, quando ouvimos alguém a falar connosco, tiramos um sentido das suas palavras. Interpretamo-las como significando que essa pessoa nos ama ou que está zangada connosco. Podemos decidir que isso significa que essa pessoa é a nossa alma gémea ou que deixou de merecer a nossa atenção. Tudo depende da interpretação que fazemos.

Desde o dia em que nascemos até ao dia em que morremos, tiramos um sentido das nossas experiências. Pegamos em pequenos fragmentos de sentido aqui e ali e, com o tempo, juntamo-los e formamos crenças. Se a nossa mãe estiver sobrecarregada com muitos filhos e se zangar connosco um dia, podemos pensar que isso significa que fizemos alguma coisa de errado. Se tivermos essa experiência frequentemente, esses significados podem juntar-se na crença de que há algo de errado connosco ou de que não somos merecedores de amor. É raro uma criança ter a perspetiva dos grandes desafios que os pais enfrentam. A maior parte das crianças forma a crença de que elas próprias é que estão mal.

As crenças formam-se a partir das interpretações que fazemos das nossas experiências. Mais tarde, são as crenças que na realidade dirigem as nossas interpretações e, por conseguinte, as nossas experiências. Se acreditarmos que não somos muito inteligentes, vamos procurar indícios que comprovam isso mesmo. Se acreditarmos que a vida é difícil, o que acontece? Vemos todas as situações em que a vida é difícil.

As crenças são as estruturas da consciência, do mesmo modo que os ossos são as estruturas do corpo. Quando se diz que as crenças criam a nossa realidade, em parte isso é verdade, pois elas direcionam a nossa atenção, o que cria a realidade da nossa experiência.

Nós possuímos milhares, se não milhões, de crenças. São elas que comandam tudo o que dizemos e fazemos. Um dos propósitos do sétimo chacra é examiná-las.

Na analogia do computador, as crenças são o «sistema operativo» que faz parte do *software* que interpreta todos os outros programas do computador. As crenças dizem-nos como operar na vida e, à semelhança de qualquer sistema operativo, precisam de ser atualizadas ocasionalmente, em especial quando não nos estão a trazer a realidade que desejamos, ou quando não correspondem à realidade que temos. Mas, primeiro, precisamos de saber que crenças são essas.

Exercício: Explorar as suas crenças

Comece por escrever no seu caderno quais são as suas crenças em relação às coisas mais importantes da sua vida e veja o que elas dizem sobre si. Quais são as suas crenças em relação:

❖ *Primeiro chacra:* Ao seu corpo? À sua situação financeira? À sua noção de segurança e confiança no mundo?

❖ *Segundo chacra:* À sua sexualidade? À sexualidade das outras pessoas? Às suas emoções? Aos seus desejos?

❖ *Terceiro chacra:* Ao seu direito de ter poder? Ao seu propósito na vida?

❖ *Quarto chacra:* A encontrar e preservar o amor? A estar num relacionamento?

❖ *Quinto chacra:* À sua criatividade? À sua capacidade de comunicar?

❖ *Sexto chacra:* Às suas capacidades intuitivas? À sua capacidade de realizar os seus sonhos? À sua imaginação?

❖ *Sétimo chacra:* À espiritualidade? À religião? À ligação ao Divino? À meditação?

Analise se essas crenças estão ao seu serviço ou se lhe impõem limitações. Se sentir que uma determinada crença o está a limitar, escreva outra que creia ser mais construtiva para si.[4]

A meditação não é o que você pensa

Quando existem pensamentos, é distração; quando
não existem pensamentos, é meditação.
Ramana Maharshi

É de manhã cedo, está frio e escuro. Saio da cama e faço uma chávena de chá para me aquecer. Depois sento-me, com a chávena nas mãos.

No início, a minha mente está agitada, pensando em todas as coisas que tenho para fazer hoje. Bebo o chá enquanto a minha mente deambula pelas reminiscências do sono e dos sonhos que ainda estão agarrados à minha consciência.

Depois, pouso a chávena para começar a minha meditação. Ajeito-me na cadeira, com a coluna direita. Começo a regular a minha respiração, inspiro lentamente, expiro lentamente... Por vezes, fico impaciente à espera da onda de paz interior que me atravessa durante a meditação. «Anda lá, plenitude, não tenho o dia todo!», penso para comigo mesma. Mas, depois, as ideias começam a aparecer. Começo a lembrar-me.

---

[4] Para mais informações sobre o diagnóstico e a mudança de crenças, consulte Anodea Judith e Lion Goodman, *Creating on Purpose*, Sounds True, Boulder, CO, 2012, ou consulte gratuitamente o material de Lion Goodman sobre as crenças no *site*: www.transformyourbeliefs.com

Continuo sentada, muito quieta, a regular a minha respiração, inspirando mais profundamente à medida que faço subir o ar pela coluna e expirando mais tempo enquanto vou descendo a coluna e voltando-me para dentro. Entoo mentalmente o meu mantra, que se interiorizou de tal modo em mim que gera profundas ondas de plenitude.

Os meus pensamentos começam a silenciar. Uma luz suave começa a brilhar no meu templo interno. Esqueço-me da respiração. Inunda-me uma sensação de paz à medida que a minha respiração e as minhas ondas cerebrais se conjugam em profunda ressonância. Agora, em vez de querer despachar-me, quero ficar aqui para sempre. O tempo passa sem limites.

A certa altura, termina, pelo menos por agora. Olho para o relógio. Podem ter passado dez minutos, pode ter passado uma hora. Posso ter tocado o meu interior pouco tempo, apenas o suficiente para fazer os meus reajustes para esse dia, ou posso ter tido o equivalente a uma noite de sono sentada no meu coxim. Varia de dia para dia, mas mesmo que eu atinja esse sítio só por uns momentos, isso lembra-me o que é real. Isto é meditação.

Técnica antiquíssima, experimentada e validada ao longo de milhares de anos, a meditação é um bálsamo para a alma. Não há melhor atividade para ganharmos o controlo da nossa atenção, para atualizarmos as nossas crenças, para elevarmos a nossa experiência e para acedermos ao sétimo chacra. A meditação retira todas as distrações da nossa atenção, para conseguirmos experienciar o domínio ilimitado da própria consciência. Limpa a mente, acalma o corpo, apura a perceção e tem benefícios duradouros palpáveis. É um dos principais remédios para reduzir o stresse e promover a cura. Se o leitor só tiver tempo para fazer uma coisa todos os dias, invista esse tempo na meditação.

Há inúmeras formas de a praticar. Algumas acontecem espontaneamente, como quando sonhamos acordados enquanto lavamos a loiça ou conduzimos. Outras implicam uma concentração mais profunda, como por exemplo contar enquanto respiramos ou recitar as escrituras, ao passo que outras ainda são tão fáceis como estar no duche e imaginar um fluxo de energia cósmica a banhar-nos.

Uma vez, disseram-me que, se andarmos em cima de um elefante num mercado na Índia, a tromba dele balança descontroladamente de um lado para o outro, derrubando barracas, roubando bananas, enfim, gerando o caos. Mas se depositarmos um pau na tromba do elefante, esse pau dá ao animal algo em que se focar. A tromba está tão ocupada a segurar o pau que não se agita.

Da mesma forma, a maior parte das técnicas de meditação tem que ver com dar à nossa mente uma espécie de pau para ela agarrar, para a nossa atenção não andar sempre a passar disto para aquilo. Pode ser a chama de uma vela, um mantra ou uma pergunta específica. Não importa o que escolhemos, pois o foco num objeto ou numa questão é apenas uma técnica para criar uma mente focada. Quando aprendemos a fazer isto, podemos ir largando progressivamente o pau, e a nossa mente ficará treinada para entrar facilmente em meditação sempre que quisermos.

Em seguida, descrevo alguns tipos de meditação habituais. Se não dispuser ainda de nenhum exercício ou técnica de meditação, sugiro que experimente um dos seguintes e que o treine durante algum tempo. A meditação tem resultados cumulativos que podem não ser logo visíveis após uma ou duas tentativas. É uma prática, o que significa que leva tempo a colher os seus frutos. Seja paciente, e sempre que estiver inquieto ou sentir a sua mente dispersa, basta voltar a focá-la.

Tipos de meditação

Observar a respiração

Nesta forma de meditação, basta observar a sua respiração a entrar e a sair do seu corpo de modo uniforme e regular. Se a sua mente se dispersar, é só focá-la novamente na respiração. Há pessoas que gostam de contar enquanto o ar entra e sai, certificando-se de que está uniforme em ambas as direções, ou por vezes mais tempo na expiração, promovendo o relaxamento.

Meditar com mantras

A meditação com mantras serve-se da repetição mental de um som ou de uma frase cuja vibração foi concebida para despertar um aspeto da consciência. Basta repetir mentalmente o mantra as vezes que quiser. A meditação com mantras é uma das principais técnicas da Meditação Transcendental. (*Para mais informações sobre os mantras, consulte o capítulo do Quinto Chacra.*)

Focar uma imagem

Enquanto o mantra é um som, o iantra é uma imagem. Pode ser a imagem de uma divindade, de um mestre, de uma cor ou do símbolo de um chacra, mas o que quer que seja, é ela que mantém a mente focada.

Meditar sobre uma ideia, como por exemplo sobre um koan Zen

Um *koan* Zen é um enigma que não tem resposta lógica, como por exemplo: «Que som faz uma só mão que aplaude?» Uma vez que não tem resposta, foca a mente na interrogação.

Observar as sensações do corpo

Na consciência do estado de vigília normal, geralmente ignoramos as sensações do nosso corpo. No entanto, o corpo, enquanto mente inconsciente, pode conter mensagens importantes. Focarmo-nos nas sensações dele permite-nos completá-las, acabando por libertar a mente para rejubilar no vazio.

Direcionar o fluxo de energia dentro do corpo

As sensações corporais costumam ter um fluxo ou uma direção na energia. Quando reconhecer esse fluxo, a sua mente pode aprender a direcioná-lo para zonas específicas que necessitam de cura ou para vários chacras.

«Fazer correr a energia» é uma técnica de meditação que simplesmente direciona a energia ao longo do seu corpo, de cima para baixo ou de baixo para cima. À semelhança de um duche, a energia que flui dentro de si limpa-o.

Ouvir música atentamente

Ouvimos música o tempo todo, mas ouvir realmente a música sem fazer mais nada é por si só uma forma de meditação.

Sentar-se em quietude num sítio espiritual, como por exemplo numa igreja, num templo ou num local sagrado

Por vezes, um local com uma forte energia espiritual pode dar azo a uma meditação. Estes espaços sagrados convidam-nos a estar em silêncio, a abrir a nossa mente e o nosso coração e a escutar com atenção o que se passa dentro e fora de nós.

Estados de oração profundos

A oração é um tipo de meditação no qual comungamos com o Divino, transmitindo-lhe o que está no fundo do nosso coração e depois esperando ouvir orientação.

Estudar textos sagrados ou inspiradores

Na nossa contemporaneidade, temos a sorte de poder aceder a uma grande diversidade de textos sagrados das mais variadas religiões espalhadas pelo mundo. Investir o seu tempo na leitura e na contemplação da sabedoria dos antigos mestres pode ser um tipo de meditação.

Observar os movimentos da Natureza, como por exemplo o fogo, a água ou as nuvens

Sentar-se à beira-mar em silêncio e observar as ondas a bater na costa, sentar-se junto a uma fogueira a ver as labaredas a dançar ou deitar-se a observar as nuvens são tudo formas de meditar na Natureza. Estes ritmos naturais tendem a ser hipnóticos, permitindo um aprofundamento da mente.

Caminhar na Natureza

Também existem meditações associadas ao caminhar, nas quais damos cada passo lenta e deliberadamente, observando verdadeiramente tudo o que existe à nossa volta. Estar em silêncio na Natureza é sentir o vento e o calor do sol nas nossas costas, ouvir os pássaros e as cigarras, sentir o aroma das flores e tocar a essência do Divino.

Fase de desenvolvimento do sétimo chacra

Quando deixamos de pensar essencialmente em nós próprios e na nossa autoconservação, passamos por uma transformação de consciência verdadeiramente heroica.

JOSEPH CAMPBELL

O chacra da coroa tem uma fase de desenvolvimento menos definida do que os outros chacras, pois está sempre em desenvolvimento. Contudo, começa quando fazemos uma avaliação da nossa vida, um questionamento das nossas crenças e de pressupostos, uma análise das nossas ações e motivações, e passa por aprendermos a desapegar-nos e a olhar objetivamente para as coisas.

Geralmente, isto começa a acontecer quando deixamos de ser crianças e passamos a ser jovens adultos. Começamos então a formar a nossa própria visão do mundo, muitas vezes questionando aquilo que os nossos pais nos ensinaram. Podemos escolher a nossa própria religião, a nossa área de estudo ou o nosso trilho de experiências, aquilo que está em sintonia com o propósito da nossa alma. Apoiar uma criança a dar este passo é fundamental. O mundo muda tão rapidamente que não podemos esperar que as nossas crenças permaneçam as mesmas.

Contudo, há pessoas que só chegam a esta fase mais tarde, e algumas nem sequer a atingem. Se chegou aqui na leitura deste livro, estou certa de que anda a investigar e a questionar há algum tempo. Um conselho: não tenha pressa para obter respostas. Permita que esse buscar e questionar o conduzam até às profundezas do mistério. Quando pensamos que temos uma resposta, muitas vezes paramos de procurar e, por conseguinte, de aprender.

Excesso e défice no sétimo chacra

Eu viajo muito, visitando muitas vezes centros metafísicos e livrarias onde as pessoas se interessam pela espiritualidade. Recebo todo o tipo de pessoas e gosto de responder às suas perguntas. E vejo muitas vezes pessoas muito determinadas a percorrer o seu caminho espiritual que ignoraram o seu corpo ou a sua família, ou que simplesmente não têm os pés assentes na terra. Recordo-me de uma ocasião em que estava a conversar com uma pessoa depois de uma palestra, quando chegou um homem e interrompeu a conversa para me dizer que já atingira a iluminação e que abrira permanentemente o seu chacra da coroa. Eu fui bem-educada e não respondi, mas a minha vontade era dizer-lhe: «Se o senhor é assim tão iluminado, porque não reparou que acabou de nos interromper abruptamente, sem qualquer noção do seu impacto?»

Houve outra viagem em que me dediquei a dar aulas num estúdio de ioga gerido por duas mulheres. Dei aulas lá durante vários dias consecutivos e reparei que só uma delas é que assumia a seu cargo a abertura do estúdio, a sua limpeza e todas as tarefas mundanas que fazem parte da gestão de um estabelecimento. No final da semana, perguntei-lhe onde estava a sua sócia. Ela respondeu-me: «Ah, ela faz três horas de trabalho espiritual de manhã, por isso só aparece ao meio-dia. Deixa tudo entregue a mim.» Detetei um tom de ressentimento na voz e refleti sobre como a mulher que se encarregava do trabalho todo talvez estivesse a fazer ainda mais trabalho espiritual do que a sócia.

Vivemos demasiado no nosso chacra da coroa quando a nossa espiritualidade está desenraizada, quando não tratamos das nossas obrigações ou quando pensamos que mais meditação vai resolver tudo. Uma vez, conheci uma mulher que abandonou os seus três filhos para ir viver num *ashram*; conheci outra que jejuou ao ponto de ficar com problemas graves de saúde.

Tudo isto são exemplos de um chacra da coroa excessivo, de usar a espiritualidade como uma fuga de outras coisas, algo que pode ser designado por «fazer um *bypass* espiritual»[5].

As pessoas que «vivem dentro da sua cabeça» também possuem um chacra da coroa em excesso. São pessoas que acedem a tudo através do seu intelecto, que evitam as emoções e que se sentem permanentemente sem paixão na vida. Embora isso tenha um propósito, é excessivo quando se desligam demasiado do corpo e dos outros.

Dada a minha função de orientadora espiritual, nas minhas digressões vejo poucas pessoas com um défice no sétimo chacra, mas oiço relatos sobre pessoas com esse défice. Uma vez, uma mulher pediu-me para assinar o seu livro e disse-me: «Nem pensar em contar ao meu marido que vim aqui. Ele é engenheiro e ia pensar que estou maluca.» A maior parte do mundo, mergulhada no materialismo científico e acreditando apenas naquilo que pode ser medido e observado empiricamente, tende a ter um défice no sétimo chacra. Tal pode revelar-se como um ceticismo em relação aos assuntos espirituais, à energia subtil e a qualquer tipo de ligação a algo maior que seja invisível.

Verifico igualmente um défice no sétimo chacra nas pessoas que estão convencidas de que são conhecedoras e detentoras do único caminho certo para a verdade. Até podem ter as suas crenças espirituais, mas nunca as questionaram e não conseguem pôr

---

[5] Termo introduzido no início da década de 1980 por John Welwood, mestre budista e psicoterapeuta, significando «uma tendência para utilizar as ideias e as práticas espirituais para evitar ou fugir de problemas emocionais e feridas psicológicas não resolvidas e trabalhos de desenvolvimento inacabados». *(N. da T.)*

a possibilidade de as crenças dos outros serem válidas. Também isto é uma espécie de défice, no qual a pessoa se mantém afastada do infinito devido ao apego excessivo às suas crenças.

Características de excesso	Características de défice	Características de equilíbrio
Culto frenético	Ceticismo	Imparcialidade
Intelectualização	Sistemas de crenças rígidos	Abertura de espírito, sabedoria
Dependência espiritual	Apatia	Inteligência
Dissociação do corpo, do mundo	Dificuldades de aprendizagem	Presença
Puritanismo, austeridade excessiva	Materialismo, autoindulgência	Conexão espiritual

Transcendência

Ao contemplarem o mundo, os seres humanos
sempre experienciaram uma transcendência
e um mistério no cerne da existência.
KAREN ARMSTRONG

Em última análise, o objetivo do sétimo chacra é uma experiência de transcendência. Quando a mente deixa de estar focada no particular, consegue regozijar-se no infinito. Este é o derradeiro objetivo da corrente de libertação ascendente: libertar-nos de tudo o que nos limita para experienciarmos a liberdade que vem da libertação do apego.

Enquanto demónio do sétimo chacra, o apego mantém-nos fixados no particular. Na medida em que estamos apegados a alguma coisa, seja a um conceito, à nossa aparência, ao que os outros pensam de nós, à nossa juventude, a termos razão ou a termos o que queremos, não somos completamente livres. Largar estes apegos liberta o espírito do ego e permite-lhe elevar-se até aos chacras superiores. Livres, conseguimos amar melhor, ouvir a verdade, ver com clareza e compreender.

A transcendência é o derradeiro estado da consciência. É a consciência sem um objeto, a consciência que é infinita, bem-aventurada, intemporal. Nem sequer é algo passível de ser descrito. Só conseguimos aceder a ela através da meditação ou, por vezes, de experiências de vida e de morte intensas que transcendem todas as nossas outras preocupações mundanas. Podemos ter um contacto breve com ela quando nos apaixonamos, quando experienciamos o êxtase no sexo ou em momentos de criatividade, mas procuramo-la através da meditação.

«Transferir» o Divino

Contudo, é muito difícil estarmos sempre no domínio da transcendência. Na melhor das hipóteses, a maior parte de nós, que vivemos vidas mundanas, estabelece contacto com esta sublimidade de vez em quando em estados de meditação profunda. Depois, temos de voltar à Terra e lidar com o que nos rodeia.

Quando meditamos verdadeiramente, podemos chegar à conclusão de que existem instruções do espírito a pairar mesmo por cima do nosso chacra da coroa, à espera que nos aquietemos o tempo suficiente para as escutarmos. Os nossos pequenos cérebros têm a capacidade de transferir a consciência a partir da sua derradeira fonte, a natureza infinita do Divino, a fonte de tudo. Quando esvaziamos as nossas mentes, temos espaço para acolher nova informação, e eu chamo a isto «transferir o Divino».

Após meditar, sugiro-lhe que tire algum tempo para escrever um pouco no seu caderno, no seu computador, para fazer um desenho, tocar música ou dançar. É possível que se sinta inspirado por algo que vai além da sua consciência normal, por um tipo de Graça que se movimenta através de si. Em última análise, tocar o Divino é abrir-se a essa Graça, permitindo que ela flua através de si, para fora de si e para o mundo. Irá assim despertar o Divino que existe dentro de si, e esse é o propósito de fazer esta viagem pelos seus chacras.

PONTOS IMPORTANTES A RELEMBRAR

❖ O sétimo chacra está relacionado com a própria consciência, em especial com tornarmo-nos conscientes da nossa própria consciência.

❖ No seu estado mundano, a consciência está sempre ocupada em busca de dar um significado à nossa experiência. A partir desse significado, formamos as nossas crenças.

❖ As crenças são as estruturas da consciência. São elas que comandam a nossa experiência.

❖ Questionarmos as nossas crenças abre a nossa consciência a novas possibilidades e expande o nosso chacra da coroa.

❖ A meditação é a principal técnica para combatermos o stresse, «transferirmos» o Divino e desenvolvermos o nosso sétimo chacra.

JUNTANDO AS PEÇAS

Agora que terminou a sua aprendizagem sobre cada um dos chacras e adquiriu alguns instrumentos de diagnóstico e de tratamento, provavelmente está a pensar no que irá fazer com toda esta informação. Adoraria dar-lhe uma fórmula concisa para trabalhar com os seus chacras, mas, infelizmente, não é algo que seja igual para todos. Cada pessoa é diferente, por isso as necessidades de uma pessoa são diferentes, por vezes grandemente, das necessidades de outra.

Há pessoas que vivem nas suas mentes e o seu crescimento virá de aprenderem a trazer a sua energia para baixo, para os chacras inferiores. Seria fundamental praticarem o enraizamento, prestarem atenção às suas emoções e serem capazes de gerar a energia vital do poder.

Outras pessoas vivem no pragmatismo das exigências quotidianas e podem ser muito enraizadas por natureza. Tais pessoas fazem o que têm a fazer e certificam-se de que as suas necessidades de sobrevivência são satisfeitas, mas podem não ter muito espaço nas suas vidas para se regozijarem nos domínios da espiritualidade e da meditação dos chacras superiores. Neste caso, a corrente de libertação, aquela em que a maior parte das pessoas pensa quando fala de «trabalhar os seus chacras», torna-se muito importante. Movimentar a energia para cima irá abrir os chacras superiores.

Se um cliente vier ter comigo com um desgosto por ter terminado um relacionamento, trabalho com o chacra cardíaco dessa pessoa. Se chegar com problemas de poder ou de comunicação, trabalho respetivamente com o terceiro e com o quinto chacra. Porém, estou sempre a olhar para um quadro mais complexo. Por vezes, as questões de poder resultam de a pessoa não estar enraizada. Por vezes, os problemas de comunicação têm mais que ver com a pessoa ser capaz de se manter firme no seu poder. Por vezes, um chacra está a compensar algo que falta noutro chacra, quer acima quer abaixo dele. Vivemos sempre dentro de um sistema que é um todo, a única questão é como é que a energia está distribuída. O objetivo é encontrar o equilíbrio nos nossos chacras, o que levará ao equilíbrio na nossa vida.

Falámos de como cada chacra pode estar em excesso ou em défice. Este diagnóstico simples baseia-se em discernir se estamos demasiado focados numa determinada área da nossa vida relacionada com um dado chacra ou se a tendência é fugirmos dessa área. É este diagnóstico que nos diz o que precisamos de fazer. Se estivermos a compensar algo e a focar-nos demasiado numa determinada área, como por exemplo no sexo, no poder ou no amor, então precisamos de nos libertar um pouco disso e redirecionar a nossa energia para outro chacra. Acredite, não perdemos o que já conseguimos alcançar, mas conseguiremos fortalecer os chacras que entretanto foram sacrificados.

Se fizer o seu diagnóstico e chegar a um chacra em défice, então precisa de prestar *mais* atenção a esse aspeto da sua vida. Pare de fugir desses problemas e dê-lhes mais atenção. Abra o seu corpo nessas zonas através do ioga ou do exercício físico. Escreva sobre os tópicos desse chacra e veja o que sai daí. Aprenda a receber energia nessa área da sua vida.

Quando houver dúvidas, sugiro sempre que comece por se enraizar e que vá trabalhando daí para cima. Esta estratégia não dá margem para erros, e quase toda a gente que conheço nesta vida contemporânea precisa de mais enraizamento.

Tudo começa com a consciência. Ao trazer mais energia para dentro do seu corpo, repare para onde é que ela vai, o que é que o faz sentir bem e o que não faz, o que o faz sentir-se vivo e o que drena a sua energia. Fique bem sintonizado com o seu sistema energético e essa consciência só por si produzirá maravilhas que o colocarão no caminho do despertar espiritual.

Faça uso dos exercícios contidos neste livro e, se estiver interessado em aprofundar ainda mais o seu conhecimento sobre os chacras, consulte os recursos sugeridos no final.

Acima de tudo, seja paciente consigo mesmo. Sentir a energia, trabalhar com ela e alcançar bons resultados é uma arte que só se desenvolve com o tempo. Fazer um exercício uma vez não fará muita diferença, mas praticá-lo regularmente fará uma diferença enorme. Seja diligente e persistente, além de paciente.

O sistema de chacras é uma fórmula para a sua plenitude e um modelo para a sua transformação. É um mapa que pode utilizar para o resto da sua vida. Tendo os chacras como seus guias, verá que a viagem se torna cada vez melhor a cada passo do caminho.

Quando comecei a escrever sobre os chacras, há quarenta anos, havia muito pouca informação disponível sobre o assunto que estivesse acessível aos Ocidentais. Atualmente, já existe bastante material. Disponibilizo abaixo uma bibliografia anotada de alguns livros da minha autoria e de outros que recomendo, de pessoas cujo trabalho respeito. É de salientar que os *workshops* ao vivo podem dar-lhe uma experiência totalmente diferente da do livro. Para mais informações sobre os meus *workshops* ao vivo e cursos à distância *online*, consulte o meu *site*: www.sacredcenters.com.

Livros da minha autoria

Wheels of Life: A User's Guide to the Chakra System, Llewellyn Publications, 1987, 1999 (edição revista).
Compreender o sistema de chacras a um nível mais profundo, a sua filosofia de base.
The Sevenfold Journey: Reclaiming Mind, Body, and Spirit through the Chakras (coautoria de Selene Vega), Celestial Arts, 1993.
Um livro de exercícios básicos, saído dos meus populares *workshops* intensivos de nove meses.

Eastern Body, Western Mind: Psychology and the Chakra System as a Path to the Self, Celestial Arts, 1997.

Este livro aprofunda os aspetos psicológicos de cada chacra, com mais informação sobre as respetivas fases de desenvolvimento, excessos e défices, e formas de os sanar.

Chakra Balancing, Sounds True, 2003.

Um conjunto de ferramentas multimédia que inclui um livro de exercícios de 102 páginas e dois CD áudio com meditações e exercícios de ioga, e sete cartas ilustradas dos chacras, numa caixa.

Contact: The Yoga of Relationship (coautoria de Tara Guber), Mandala Press, 2006.

Pontos e posturas relacionados com a forma como os chacras se comportam nos relacionamentos.

Creating on Purpose: The Spiritual Technology of Manifesting through the Chakras (coautoria de Lion Goodman), Sounds True, 2012.

Este livro aborda o percurso dos chacras de cima a baixo, com indicações práticas para clarificar e manifestar o propósito da nossa vida e concretizar os nossos maiores sonhos — de propósito!

The Global Heart Awakens: Humanity's Rite of Passage from the Love of Power to the Power of Love, Shift Books, 2013.

Uma perspetiva sobre a evolução cultural humana em termos de chacras que analisa o nosso ritual de passagem do terceiro para o quarto chacra.

Anodea Judith's Chakra Yoga, Llewellyn Publications, 2015.

Este livro descreve a relação entre os chacras e o ioga, com mais de 200 imagens a cores de posturas, exercícios respiratórios, a filosofia do ioga, os mantras, etc.

Livros de outros autores

Thomas Ashley-Farrand, *Chakra Mantras: Liberate your Spiritual Genius through Chanting*, Red Wheel/Weiser, 2006.

Mais do que falar de mantras, abrange também toda a filosofia dos chacras.

Arthur Avalon, *The Serpent Power: The Secrets of Tantric and Shaktic Yoga*, 1919, Dover Publications, 1974.

Traduções de textos tântricos sobre os chacras, com comentários excelentes. Muito esotérico e difícil de ler, mas é um clássico sobre o assunto, um dos primeiros livros a servir de ponte entre o Oriente e o Ocidente. Tenha um dicionário de sânscrito à mão.

Alan Finger, *Chakra Yoga: Balancing Energy for Physical, Spiritual, and Mental Well-Being*, Shambhala Publications, 2006.

Contém algumas posturas básicas organizadas por chacras com desenhos anatómicos, além de um CD informativo.

Sundar Shyam Goswami, *Layayoga: The Definitive Guide to the Chakras and Kundalini*, Routledge and Kegan Paul, 1980.

Tradução de textos antigos, focando-se principalmente em exercícios com mantras e iantras. Além disso, contém descrições dos chacras subtis menos conhecidos.

C. W. Leadbeater, *The Chakras*, The Theosophical Publishing House, 1927, 1997.

Os chacras do ponto de vista teosófico. Foi um dos primeiros livros sobre o tema publicado em inglês; é um clássico.

Karla McLaren, *Your Aura and Your Chakras: The Owner's Manual*, Samuel Weiser, 1998.

O lado mais mediúnico dos chacras, trabalhar com o campo de energia recorrendo a exercícios de visualização e proteção simples.

Susan Shumsky, *Exploring Chakras: Awaken Your Untapped Energy*, The Career Press, 2003.
Uma escrita muito acessível relativa ao material esotérico sobre os chacras. Contém informação sobre os subchacras, as camadas do *Sushumna* e outras coisas que não encontrará em mais lado nenhum.

Heidi Spear, *The Everything Guide to Chakra Healing: Use Your Body's Subtle Energies to Promote Health, Healing and Happiness*, Adams Media, 2011.
Um guia prático cheio de exercícios e dicas úteis.

Vídeos

Seane Corn, *Chakra Flow: An In-Depth Training for Energetic and Emotional Healing*, DVD, série Yoga of Awakening, Sounds True, 2015.

Anodea Judith, *The Illuminated Chakras: A Visionary Voyage into Your Inner World*, DVD, Sacred Centers, 2005.
Uma meditação de olhos abertos de 28 minutos e um percurso artístico imaginativo com animação 3D e som *surround* 5.1. Línguas: inglês, francês, italiano, espanhol e alemão.

CD Áudio

Dean Evenson, *Chakra Healing*, Soundings of the Planet, 2008.

Jonathan Goldman, *Chakra Chants*, Etherean Music, 1998.

Steven Halpern, *Chakra Suite: Music for Meditation, Healing and Inner Peace*, Inner Peace Music, 2010.

Anodea Judith, *The Chakra System: A Complete Course in Self-Diagnosis and Healing*, Sounds True, 2000.

Uma série de CD áudio com a duração de oito horas, acompanhada de um manual de instruções.

—, *The Beginner's Guide to the Chakras*, Sounds True, 2002.
Um CD com a duração de 73 minutos.

—, *Wheels of Life Guided Meditations*, Llewellyn, 1987.
Um CD com 70 minutos disponível em www.sacredcenters.com.

Layne Redmond, *Chanting the Chakras: Roots of Awakening*, Sounds True, 2001.

—, *Chakra Breathing Meditations*, Sounds True, 2012.

Robin Silver e Steve Gordon, *Chakra Healing Zone*, Sequoia Music, 2006.

Sophia Songhealer, *Chakra Healing Chants*, Sequoia Music, 2003.

Suzanne Sterling e Christopher Krotky, *Chakra Flow: Music for Yoga and Meditation*, Sounds True, 2014.

Velez Glen, *Rhythms of the Chakras*, Sounds True, 2000.

AGRADECIMENTOS

A minha viagem ao longo de quarenta anos de ida e volta pela ponte arco-íris já abarcou vários viajantes e guias pelo caminho. Os meus maiores mestres foram os meus alunos e os meus clientes, juntamente com os terapeutas que me ajudaram no meu caminho pessoal — são demasiados para nomear.

Na publicação do presente livro, em primeiro lugar gostaria de agradecer à Amy Kiberd por me ter feito o convite para o escrever, e a todas as pessoas maravilhosas da Hay House que participaram com as suas mãos e os seus corações nesta criação: à Elizabeth Henry pela revisão, à Leanne Siu Anastasi pelo *design*, à Julie Oughton e à Lucy Buckroyd por tratarem da publicação, à equipa de produção, à Jo e à Ruth nas Relações Públicas, e à equipa de Vendas e *Marketing* pela ajuda e pelo apoio constante.

Além disso, gostaria de agradecer à Shanon Dean, administradora da Sacred Centers, não só por gerir a instituição enquanto eu escrevo, mas também por fornecer as ilustrações.

Por último, a todos os meus leitores que ousam embarcar nesta viagem rumo à consciência. Que nos possamos algum dia encontrar na ponte arco-íris que liga o céu à Terra.

ANODEA JUDITH
Março de 2016. Califórnia, EUA

LISTA DE EXERCÍCIOS

ÍNDICE

LIVROS NA COLEÇÃO

027 | 002 Guillaume Musso
Salva-me

028 | 003 Juliet Marillier
Máscara de Raposa — Vol. I

028 | 004 Juliet Marillier
Máscara de Raposa — Vol. II

029 | 001 Leslie Silbert
A Anatomia do Segredo

030 | 002 Danielle Steel
Tempo para Amar

031 | 002 Daniel Silva
Príncipe de Fogo

032 | 001 Edgar Allan Poe
Os Crimes da Rua Morgue

033 | 001 Tessa De Loo
As Gémeas

034 | 002 Mary Higgins Clark
A Rua Onde Vivem

035 | 002 Simon Scarrow
O Voo da Águia

036 | 002 Dan Brown
Anjos e Demónios

037 | 001 Juliette Benzoni
O Quarto da Rainha
(O Segredo de Estado — I)

038 | 002 Bill Bryson
Made in America

039 | 002 Eça de Queirós
Os Maias

040 | 001 Mario Puzo
O Padrinho

041 | 004 Nora Roberts
As Joias do Sol

042 | 001 Douglas Preston
Relíquia

043 | 001 Camilo Castelo Branco
Novelas do Minho

044 | 001 Julie Garwood
Sem Perdão

045 | 005 Nora Roberts
Lágrimas da Lua

046 | 003 Dan Brown
O Código Da Vinci

047 | 001 Francisco José Viegas
Morte no Estádio

048 | 001 Michael Robotham
O Suspeito

049 | 001 Tess Gerritsen
O Aprendiz

050 | 001 Almeida Garrett
Frei Luís de Sousa e *Falar Verdade a Mentir*

051 | 003 Simon Scarrow
As Garras da Águia

052 | 002 Juliette Benzoni
O Rei do Mercado (O Segredo de Estado — II)

053 | 001 Sun Tzu
A Arte da Guerra

054 | 001 Tami Hoag
Antecedentes Perigosos

055 | 001 Patricia MacDonald
Imperdoável

056 | 001 Fernando Pessoa
A Mensagem

057 | 003 Danielle Steel
Estrela

058 | 006 Nora Roberts
Coração do Mar

059 | 001 Janet Wallach
Seraglio

060 | 007 Nora Roberts
A Chave da Luz

061 | 001 Osho
Meditação

062 | 001 Cesário Verde
O Livro de Cesário Verde

063 | 003 Daniel Silva
Morte em Viena

064 | 001 Paulo Coelho
O Alquimista

065 | 002 Paulo Coelho
Veronika Decide Morrer

066 | 001 Anne Bishop
A Filha do Sangue

067 | 001 Robert Harris
Pompeia

068 | 001 Lawrence C. Katz e
Manning Rubin
Mantenha o Seu Cérebro Ativo

069 | 003 Juliette Benzoni
*O Prisioneiro da Máscara
de Veludo* (O Segredo
de Estado — III)

070 | 001 Louise L. Hay
Pode Curar a Sua Vida

071 | 008 Nora Roberts
A Chave do Saber

072 | 001 Arthur Conan Doyle
*As Aventuras de
Sherlock Holmes*

073 | 004 Danielle Steel
O Preço da Felicidade

074 | 004 Dan Brown
A Conspiração

075 | 001 Oscar Wilde
O Retrato de Dorian Gray

076 | 002 Maria Helena Ventura
Onde Vais Isabel?

077 | 002 Anne Bishop
Herdeira das Sombras

078 | 001 Ildefonso Falcones
A Catedral do Mar

079 | 002 Mario Puzo
O Último dos Padrinhos

080 | 001 Júlio Verne
A Volta ao Mundo em 80 Dias

081 | 001 Jed Rubenfeld
A Interpretação do Crime

082 | 001 Gérard de Villiers
*A Revolução dos
Cravos de Sangue*

083 | 001 H. P. Lovecraft
Nas Montanhas da Loucura

084 | 001 Lewis Carroll
Alice no País das Maravilhas

085 | 001 Ken Follett
O Homem de Sampetersburgo

086 | 001 Eckhart Tolle
O Poder do Agora

087 | 009 Nora Roberts
A Chave da Coragem

088 | 001 Julie Powell
Julie & Julia

089 | 001 Margaret George
*A Paixão de Maria
Madalena* — Vol. I

090 | 003 Anne Bishop
Rainha das Trevas

091 | 004 Daniel Silva
O Criado Secreto

092 | 005 Danielle Steel
Uma Vez na Vida

093 | 003 Eça de Queirós
A Cidade e as Serras

094 | 005 Juliet Marillier
O Espelho Negro (As
Crónicas de Bridei — I)

095 | 003 Guillaume Musso
Estarás Aí?

096 | 002 Margaret George
*A Paixão de Maria
Madalena* — Vol. II

097 | 001 Richard Doetsch
O Ladrão do Céu

098 | 001 Steven Saylor
Sangue Romano

099 | 002 Tami Hoag
Prazer de Matar

100 | 001 Mark Twain
As Aventuras de Tom Sawyer

101 | 002 Almeida Garrett
Viagens na Minha Terra

102 | 001 Elizabeth Berg
Quando Estiveres Triste, Sonha

103 | 001 James Runcie
O Segredo do Chocolate

104 | 001 Paul J. McAuley
A Invenção de Leonardo

105 | 003 Mary Higgins Clark
Duas Meninas Vestidas de Azul

106 | 003 Mario Puzo
O Siciliano

107 | 002 Júlio Verne
Viagem ao Centro da Terra

108 | 010 Nora Roberts
A Dália Azul

109 | 001 Amanda Smyth
*Onde Crescem Limas não
Nascem Laranjas*

110 | 002 Osho
*O Livro da Cura —
Da Medicação à Meditação*

111 | 006 Danielle Steel
Um Longo Caminho para Casa

112 | 005 Daniel Silva
O Assassino Inglês

113 | 001 Guillermo Cabrera Infante
A Ninfa Inconstante

114 | 006 Juliet Marillier
A Espada de Fortriu

115 | 001 Vários Autores
Histórias de Fantasmas

116 | 011 Nora Roberts
A Rosa Negra

117 | 002 Stephen King
Turno da Noite

118 | 003 Maria Helena Ventura
A Musa de Camões

119 | 001 William M. Valtos
A Mão de Rasputine

120 | 002 Gérard de Villiers
Angola a Ferro e Fogo

121 | 001 Jill Mansell
A Felicidade Mora ao Lado

122 | 003 Paulo Coelho
O Demónio e a Senhorita Prym

123 | 004 Paulo Coelho
O Diário de Um Mago

124 | 001 Brad Thor
O Último Patriota

125 | 002 Arthur Conan Doyle
O Cão dos Baskervilles

126 | 003 Bill Bryson
Breve História de Quase Tudo

127 | 001 Bill Napier
O Segredo da Cruz de Cristo

128 | 002 Clive Cussler
Cidade Perdida

129 | 001 Paolo Giordano
A Solidão dos Números Primos

130 | 012 Nora Roberts
O Lírio Vermelho

131 | 001 Thomas Swan
O Falsificador de Da Vinci

132 | 001 Margaret Doody
O Enigma de Aristóteles

133 | 007 Juliet Marillier
O Poço das Sombras

134 | 001 Mário de Sá-Carneiro
A Confissão de Lúcio

135 | 001 Colleen McCullough
A Casa dos Anjos

136 | 013 Nora Roberts
Herança de Fogo

137 | 003 Arthur Conan Doyle
Um Estudo em Vermelho

138 | 004 Guillaume Musso
Porque te Amo

139 | 002 Ken Follett
A Chave para Rebecca

140 | 002 Maeve Binchy
De Alma e Coração

141 | 002 J. R. Lankford
Cristo Clonado

142 | 002 Steven Saylor
A Casa das Vestais

143 | 002 Elizabeth Gilbert
Filha do Mar

144 | 001 Federico Moccia
Quero-te Muito

145 | 003 Júlio Verne
Vinte Mil Léguas Submarinas

146 | 014 Nora Roberts
Herança de Gelo

147 | 002 Marc Levy
Voltar a Encontrar-te

148 | 002 Tess Gerritsen
O Cirurgião

149 | 001 Alexandre Herculano
Eurico, o Presbítero

150 | 001 Raul Brandão
Húmus

151 | 001 Jenny Downham
Antes de Eu Morrer

152 | 002 Patricia MacDonald
Um Estranho em Casa

153 | 001 Eça de Queirós e
Ramalho Ortigão
O Mistério da Estrada de Sintra

154 | 003 Osho
Alegria — A Felicidade Interior

155 | 015 Nora Roberts
Herança da Vergonha

156 | 006 Daniel Silva
A Marca do Assassino

157 | 002 Camilo Castelo Branco
A Queda dum Anjo

158 | 007 Danielle Steel
Jogos de Sedução

159 | 001 Florbela Espanca
Sonetos

160 | 002 Margaret Doody
A Justiça de Aristóteles

161 | 003 Tess Gerritsen
A Pecadora

162 | 003 Ken Follett
O Vale dos Cinco Leões

163 | 004 Júlio Verne
Da Terra à Lua

164 | 001 F. Scott Fitzgerald
O Grande Gatsby

165 | 002 Federico Moccia
Três Metros Acima do Céu

166 | 001 Aquilino Ribeiro
O Malhadinhas

167 | 004 Osho
*Liberdade — A Coragem
de Ser Você Mesmo*

168 | 007 Daniel Silva
A Mensageira

169 | 005 Guillaume Musso
Volto para Te Levar

170 | 001 Niccolò Ammaniti
Como Deus Manda

171 | 005 Júlio Verne
À Volta da Lua

172 | 001 Alberto Caeiro
Poemas

173 | 004 Tess Gerritsen
Duplo Crime

174 | 005 Osho
*Inteligência —
A Resposta Criativa*

175 | 001 Rider Haggard
As Minas de Salomão

176 | 001 Inês Botelho
A Filha dos Mundos
(O Cetro de Aerzis — 1)

177 | 001 Dinis Machado
O Que Diz Molero

178 | 002 Colleen McCullough
A Independência de Uma Mulher

179 | 008 Danielle Steel
O Beijo

180 | 003 Tami Hoag
Águas Calmas

181 | 001 Lisa Gardner
A Filha Secreta

182 | 001 Francesco Alberoni
Enamoramento e Amor

183 | 003 Marc Levy
Os Filhos da Liberdade

184 | 004 Arthur Conan Doyle
O Signo dos Quatro

185 | 008 Daniel Silva
O Artista da Morte

186 | 002 Brad Thor
O Primeiro Mandamento

187 | 001 Joseph Conrad
O Agente Secreto

188 | 001 Deborah Smith
A Doçura da Chuva

189 | 001 Santa Montefiore
A Virgem Cigana

190 | 001 Philipp Meyer
Ferrugem Americana

191 | 005 Tess Gerritsen
Desaparecidas

192 | 006 Júlio Verne
Cinco Semanas em Balão

193 | 002 Inês Botelho
*A Senhora da Noite e
das Brumas* (O Cetro
de Aerzis — 2)

194 | 004 Tami Hoag
Pecados na Noite

195 | 004 Ken Follett
Noite Sobre as Águas

196 | 005 Dan Brown
O Símbolo Perdido

197 | 001 Luís Miguel Rocha
Bala Santa

198 | 001 Isabel Valadão
*Loanda — Escravas,
Donas e Senhoras*

199 | 003 Patricia MacDonald
Raptada na Noite

200 | 001 Franz Kafka
O Processo

201 | 002 Aquilino Ribeiro
A Casa Grande de Romarigães

202 | 001 John Grisham
A Firma

203 | 009 Danielle Steel
Um Amor Imenso

204 | 001 Romana Petri
Os Pais dos Outros

205 | 001 Sveva Casati Modignani
Feminino Singular

206 | 005 Arthur Conan Doyle
O Vale do Terror

207 | 003 Inês Botelho
A Rainha das Terras da Luz
(O Cetro de Aerzis — 3)

208 | 007 Júlio Verne
*As Atribulações de um
Chinês na China*

209 | 001 Kristin Hannah
Segredos de Família

210 | 005 Paulo Coelho
O Diário de um Mago

211 | 004 Anne Bishop
A Voz

212 | 001 Kathryn Stockett
As Serviçais

213 | 002 Augusto Cury
Filhos Brilhantes,
Alunos Fascinantes

214 | 001 Kurt Vonnegut
Matadouro Cinco

215 | 001 P. C. Cast e Kristin Cast
Marcada

216 | 003 Clive Cussler
Gelo Ardente

217 | 009 Daniel Silva
As Regras de Moscovo

218 | 002 John Grisham
O Testamento

219 | 004 Simon Scarrow
A Águia e os Lobos

220 | 010 Danielle Steel
A Casa da Rua da Esperança

221 | 005 Ken Follett
O Terceiro Gémeo

222 | 001 Luís de Camões
Sonetos

223 | 004 Mary Higgins Clark
Do Fundo do Coração

224 | 003 Steven Saylor
Um Gladiador só
Morre uma Vez

225 | 002 P. C. Cast e Kristin Cast
Traída

226 | 001 Rubem Fonseca
A Grande Arte

227 | 002 Kristin Hannah
A Escolha

228 | 006 Arthur Conan Doyle
O Último Adeus de
Sherlock Holmes

229 | 001 Alexandre Honrado
Os Venturosos

230 | 002 Sveva Casati Modignani
Baunilha e Chocolate

231 | 001 Sherrilyn Kenyon
Amante de Sonho

232 | 004 Marc Levy
O Ladrão de Sombras

233 | 003 Brad Thor
O Apóstolo

234 | 006 Guillaume Musso
Que Seria Eu Sem Ti?

235 | 006 Osho
Intuição

236 | 001 Paul Sussman
Oásis Escondido

237 | 001 Teolinda Gersão
A Cidade de Ulisses

238 | 010 Daniel Silva
A Marcha

239 | 003 Stephen King
Misery

240 | 003 John Grisham
O Sócio

241 | 002 Jill Mansell
A Pensar em Ti

242 | 006 Paulo Coelho
O Alquimista

243 | 004 Steven Saylor
O Abraço de Némesis

244 | 003 P. C. Cast e Kristin Cast
Escolhida

245 | 001 Linda Howard
Um Beijo na Escuridão

246 | 005 Simon Scarrow
A Águia de Sangue

247 | 001 Karen Marie Moning
Highlander, Para
Além das Brumas

248 | 006 Ken Follett
O Preço do Dinheiro

249 | 002 Franz Kafka
A Transformação (A Metamorfose)

250 | 007 Osho
Intimidade

251 | 007 Ken Follett
O Estilete Assassino

252 | 011 Daniel Silva
O Desertor

253 | 007 Paulo Coelho
Onze Minutos

254 | 004 Eça de Queirós
A Ilustre Casa de Ramires

255 | 002 Eckhart Tolle
Um Novo Mundo

256 | 001 António Brito
Olhos de Caçador

257 | 001 Kate Morton
O Segredo da Casa de Riverton

258 | 001 Johann Wolfgang von Goethe
A Paixão do Jovem Werther

259 | 005 Mary Higgins Clark
Eu Sei que Voltarás

260 | 001 Penny Vincenzi
Uma Mulher Diferente

261 | 011 Danielle Steel
Segredos

262 | 006 Tess Gerritsen
Lembranças Macabras

263 | 003 Augusto Cury
A Ditadura da Beleza

264 | 002 Louise L. Hay
O Poder Está Dentro de Si

265 | 001 Rosa Lobato Faria
As Esquinas do Tempo

266 | 001 Miguel Miranda
Contos à Moda do Porto

267 | 002 Deborah Smith
Segredos do Passado

268 | 004 Brad Thor
O Projeto Atena

269 | 001 Brian Weiss
Muitas Vidas, Muitos Mestres

270 | 001 Catherine Bybee
Casado Até Quarta

271 | 005 Steven Saylor
O Enigma de Catilina

272 | 001 James Rollins
A Colónia do Diabo

273 | 004 John Grisham
Os Litigantes

274 | 002 Rosa Lobato Faria
Vento Suão

275 | 001 Sylvain Reynard
O Inferno de Gabriel

276 | 002 Kate Morton
O Jardim dos Segredos

277 | 001 Robin Sharma
O Santo, o Surfista e a Executiva

278 | 012 Daniel Silva
O Espião Improvável

279 | 002 Florbela Espanca
Contos Completos

280 | 008 Paulo Coelho
Brida

281 | 001 Jojo Moyes
Um Violino na Noite

282 | 001 Deepak Chopra
A Alma do Líder

283 | 001 Susan Lewis
Depois da Luz

284 | 001 Maya Banks
Obsessão

285 | 008 Osho
Consciência

286 | 001 Louise L. Hay e Cheryl Richardson
Confie na Vida

287 | 012 Danielle Steel
Ecos do Passado

288 | 004 Stephen King
Os Olhos do Dragão

289 | 007 Tess Gerritsen
Seita Maldita

290 | 001 Emma Donoghue
O Quarto de Jack

291 | 002 Jojo Moyes
Silver Bay — A Baía do Desejo

292 | 013 Daniel Silva
O Caso Rembrandt

293 | 013 Danielle Steel
Impossível

294 | 003 Franz Kafka
*Um Artista da Fome
e outros textos*

295 | 005 John Grisham
A Confissão

296 | 001 Beth Kery
Porque és Minha

297 | 001 Barry Eisler
Tokyo Killer — Primeira Missão

298 | 005 Brad Thor
Influência Externa

299 | 001 Gillian Flynn
Em Parte Incerta

300 | 001 Antoine de Saint-Exupéry
O Principezinho

301 | 002 Susan Lewis
Escândalos em Família

302 | 002 Douglas Preston
e Lincoln Child
Relicário

303 | 006 Simon Scarrow
A Profecia da Águia

304 | 003 Kate Morton
As Horas Distantes

305 | 002 Maya Banks
Delírio

306 | 001 Isabel Allende
Filha da Fortuna

307 | 002 Penny Vincenzi
O Jogo do Acaso

308 | 005 Eça de Queirós
A Capital

309 | 006 Steven Saylor
O Lance de Vénus

310 | 006 Mary Higgins Clark
A Sombra do Teu Sorriso

311 | 002 Sylvain Reynard
O Príncipe

312 | 005 Stephen King
Boleia Arriscada

313 | 001 Thomas Mann
Contos

314 | 001 Oliver Bowden
Assassin's Creed — Renascença

315 | 016 Nora Roberts
Luzes do Norte

316 | 002 Isabel Allende
O Meu País Inventado

317 | 001 Rafael Santandreu
*A Arte de Não
Amargar a Vida*

318 | 014 Daniel Silva
Retrato de uma Espia

319 | 014 Danielle Steel
Porto Seguro

320 | 001 Helen S. Paige
*Uma Rapariga Vai
a um Casamento*

321 | 004 Augusto Cury
Nunca Desista dos Seus Sonhos

322 | 002 Barry Eisler
O Quinto Mandamento

323 | 001 J. D. Robb
Nudez Mortal

324 | 002 Deepak Chopra
Poder, Liberdade e Graça

325 | 001 Emily Giffin
Escolhi o Teu Amor

326 | 001 Nicolau Maquiavel
O Príncipe

327 | 007 Mary Higgins Clark
Os Anos Perdidos

328 | 003 Maya Banks
Fogo

329 | 007 Steven Saylor
Crime na Via Ápia

330 | 001 Shajen Joy Aziz e
Demian Lichtenstein
O Dom

331 | 001 João Pedro Marques
Os Dias da Febre

332 | 001 Bram Stoker
Drácula

333 | 001 Irvin D. Yalom
Quando Nietzsche Chorou

334 | 002 Beth Kery
Quando Estou Contigo

335 | 017 Nora Roberts
Do Fundo do Coração

336 | 003 Isabel Allende
A Cidade dos Deuses Selvagens

337 | 003 Beth Kery
Porque Somos um Só

338 | 003 Camilo Castelo Branco
Amor de Perdição

339 | 006 John Grisham
O Manipulador

340 | 015 Danielle Steel
Preces Atendidas

341 | 006 Eça de Queirós
O Primo Basílio

342 | 003 Aquilino Ribeiro
Quando os Lobos Uivam

343 | 006 Brad Thor
Matéria Negra

344 | 018 Nora Roberts
Escândalos Privados

345 | 001 Álvaro de Campos
*Antologia Poética —
Poemas Escolhidos*

346 | 008 Mary Higgins Clark
Uma Canção de Embalar

347 | 003 Penny Vincenzi
Cruel Abandono

348 | 004 Isabel Allende
O Reino do Dragão de Ouro

349 | 006 Stephen King
A Cúpula — Livro I

350 | 009 Paulo Coelho
O Zahir

351 | 001 Erich Maria Remarque
Uma Noite em Lisboa

352 | 002 J. D. Robb
Glória Mortal

353 | 002 James Rollins
Linhagem Sangrenta

354 | 003 Colleen McCullough
Agridoce

355 | 009 Osho
*Coragem — A Alegria
de Viver Perigosamente*

356 | 015 Daniel Silva
O Anjo Caído

357 | 005 Isabel Allende
O Bosque dos Pigmeus

358 | 003 Deepak Chopra
Energia sem Limites

359 | 019 Nora Roberts
Tesouros Escondidos

360 | 003 Jojo Moyes
A Última Carta de Amor

361 | 001 Olen Steinhauer
O Caso do Cairo

362 | 016 Danielle Steel
Resgate

363 | 007 Brad Thor
A Lista Negra

364 | 007 Stephen King
A Cúpula — Livro II

365 | 006 Dan Brown
Inferno

366 | 001 J. Rentes de Carvalho
A Amante Holandesa

367 | 010 Paulo Coelho
Manual do Guerreiro da Luz

368 | 006 Isabel Allende
A Soma dos Dias

369 | 020 Nora Roberts
A Villa

370 | 002 Alexandre Herculano
*História da Origem e
Estabelecimento da Inquisição
em Portugal — Tomo I*

371 | 008 Stephen King
The Shining

372 | 011 Paulo Coelho
O Aleph

373 | 017 Danielle Steel
Laços Familiares

374 | 016 Daniel Silva
A Rapariga Inglesa

375 | 007 Arthur Conan Doyle
*As Memórias de
Sherlock Holmes*

376 | 009 Mary Higgins Clark
O Azul dos Teus Olhos

377 | 003 Alexandre Herculano
*História da Origem e
Estabelecimento da Inquisição
em Portugal — Tomo II*

378 | 003 Louise L. Hay
Pensamentos do Coração

379 | 002 Catherine Bybee
Casado Até Segunda

380 | 012 Paulo Coelho
*O Demónio e a
Senhorita Prym*

381 | 018 Danielle Steel
Um Dia de Cada Vez

382 | 001 Lee Child
Nunca Voltes Atrás

383 | 017 Daniel Silva
O Assalto

384 | 001 Tim Butcher
Rio de Sangue

385 | 021 Nora Roberts
O Recife

386 | 022 Nora Roberts
Onde Caem os Anjos

387 | 010 Osho
Amor, Liberdade e Solidão

388 | 009 Stephen King
Carrie

389 | 004 Alexandre Herculano
*História da Origem e
Estabelecimento da Inquisição
em Portugal — Tomo III*

390 | 001 Henri Charrière
Papillon

391 | 013 Paulo Coelho
As Valquírias

392 | 010 Mary Higgins Clark
Onde Estão as Crianças?

393 | 004 Deepak Chopra
A Receita da Felicidade

394 | 008 Arthur Conan Doyle
O Regresso de Sherlock Holmes

395 | 010 Stephen King
A História de Lisey

396 | 001 Filipa Fonseca Silva
Os Trinta — Nada é Como Sonhámos

431 | 021 Danielle Steel
Os Pecados da Mãe

432 | 006 Augusto Cury
*Pais Inteligentes Formam
Sucessores, Não Herdeiros*

433 | 002 Jeffrey Archer
Os Pecados do Pai

434 | 003 James Rollins
O Olho de Deus

435 | 002 Diogo Freitas do Amaral
D. Afonso III, o Bolonhês

436 | 012 Stephen King
Despertar

437 | 002 Rafael Santandreu
Os Óculos da Felicidade

438 | 002 Daniel G. Amen
*Mude de Cérebro,
Mude de Idade*

439 | 001 Frederick Forsyth
A Lista da Morte

440 | 002 Jodi Picoult
Lobo Solitário

441 | 025 Nora Roberts
Último Amor

442 | 002 Sónia Louro
Amália

443 | 001 Antero de Quental
Sonetos

444 | 003 Jeffrey Archer
O Segredo Mais Bem Guardado

445 | 007 John Grisham
O Advogado Mafioso

446 | 001 George R. R. Martin
Histórias dos Sete Reinos

447 | 001 Jane Austen
Sensibilidade e Bom Senso

448 | 001 Daniel Pink
Vender é Humano

449 | 004 James Rollins
A Sexta Extinção

450 | 012 Mary Higgins Clark
E a Música Continua

451 | 013 Osho
Maturidade

452 | 013 Stephen King
Sr. Mercedes

453 | 004 Jeffrey Archer
Cuidado com o que Desejas

454 | 014 Osho
Criatividade

455 | 014 Stephen King
Perdido e Achado

456 | 005 Jeffrey Archer
Mais Poderosa que a Espada

457 | 009 Brad Thor
Ato de Guerra

458 | 004 Catherine Bybee
Conquistada até Terça

459 | 003 Sónia Louro
Fernando Pessoa

460 | 008 Steven Saylor
O Trono de César

461 | 026 Nora Roberts
Uma Nova Promessa

462 | 001 Peter Wohlleben
A Vida Secreta das Árvores

463 | 027 Nora Roberts
Levado pelo Mar

464 | 005 James Rollins
A Cidade Perdida

465 | 002 Mary Higgins Clark
e Alafair Burke
Toda Vestida de Branco

466 | 001 Pedro Siqueira
*Todos Temos um
Anjo da Guarda*

467 | 006 Jeffrey Archer
Chegada a Hora

468 | 001 Lorna Byrne
De Mãos Dadas com os Anjos

469 | 015 Stephen King
Fim de Turno

470 | 007 Augusto Cury
*O Homem mais Inteligente
da História*

471 | 002 Lise Bourbeau
Curar as Cinco Feridas

472 | 028 Nora Roberts
Marés Altas

473 | 001 Ray Bradbury
Fahrenheit 451

474 | 014 Paulo Coelho
Adultério

475 | 001 Florence Scovel Shinn
Como Jogar o Jogo da Vida

476 | 029 Nora Roberts
Porto de Abrigo

Rua Professor Jorge da Silva Horta, n.º 1 | 1500-499 Lisboa
Telefone: 217 626 000
e-mail: editora@bertrand.pt